14歳の世渡り術
WORLDLY WISDOM FOR 14 YEARS OLD

いっしょに翻訳してみない？

日本語と英語の力が両方のびる5日間講義

越前敏弥

河出書房新社

いっしょに翻訳してみない？——日本語と英語の力が両方のびる5日間講義　もくじ

第1週

第4週

第5週

はじめに

みなさんは海外の小説を読んだ経験があるでしょうか？　たいがいの人は日本語で何作か読んだことがあるでしょう。それは作家が書いたそのままではなく、翻訳《ほんやく》された作品です。

わたしは二十五年ぐらい前から、おもに英語の小説を翻訳する仕事をしてきました。翻訳というと、外国語が得意な人がするものだという印象があるかもしれません。もちろん、翻訳をするためには、英語に強いことが大切ですが、実はそれと同じくらい、いや、ひょっとしたらそれ以上に、日本語にも強くなくてはなりません。さらには、小説を深く読みとる力や、辞書などを効率よく調べる力など、さまざまな能力や経験が必要です。

そんなふうに書くと、翻訳というのはめんどうでむずかしい仕事なのかと思われるでしょうが、実はとてもおもしろく楽しい仕事です。翻訳という作業がどれほどおもしろいかを、そして、その経験がほかのいろいろな場面でも生かせることを中学生のみなさんに知ってもらいたくて、わたしはこの本を書きました。

『いっしょに翻訳してみない？』は、二〇二三年の夏に中学二年生を対象におこなった六回の特別授業（オリエンテーション含《ふく》む）の内容をまとめた本です。オー・ヘンリーの『二十年後』という作品をいっしょに読みながら、生徒のみなさんがさまざまな角度から翻訳について学んでいった過程を記録しました。実際にこの本を読んでもらえばわかりますが、参加した生徒の人たちにとって、こちらの予想をはるかにしのぐ大きな成果がありました。そのくわしい記録を読むことで、読者のみなさんも同じような貴重な体験ができると信じています。

もちろん、これは中学二年の夏休みにおこなった特別授業なので、その時期までに学校で教わる英語の文法項目《こうもく》以外はほとんど扱《あつか》わずに進め、扱うときには中学生でも無理なく理解できるように、じゅうぶんな説明をしました。とはいえ、手とり足とりで何もかも教えるのではなく、生徒の人たちが自分自身で調べたり考えたりする過程を大切にして授業を進めました。そのほうがまちがいなくおもしろいし、将来きっと役に立つからです。

まずは巻末にある『二十年後』の日本語訳（→p.218～223）に目を通し、どんな作品なのかを知ったあとで、オリエンテーション（→p.13～24）から順に読んでみてください。自分のペースでゆっくり進んでいいですよ。

では、ちょっとむずかしい部分もあるけれど、それを吹《ふ》き飛ばしてしまうほど、とびきり楽しい翻訳の世界へようこそ！

越前敏弥

この本の使い方

●まずは巻末にある『二十年後』の日本語訳（→p.218～223）を読み、それから、オリエンテーション（→p.13～24）へ進んでください。この段階では英文全文（→p.229～224）に目を通す必要はありません。

●そのあと、第1週から第4週までの授業の進行に合わせて、英文のほうも少しずつ目を通していくといいでしょう。日本語訳と並べてなんとなくながめる形でじゅうぶんですし、それでもむずかしいと感じたら、英文は読まずにすぐ授業のページへ行ってもかまいません。無理せず、自分のペースで進めてください。

●授業のなかで扱《あつか》う設問については、もし可能ならまず自分で考えてみてください。ただし、大人でもなかなか正解できない難問も含《ふく》まれているので、そういうときはすぐに解説ページに進んでかまいません。設問は、英語に関するもの、日本語に関するもの、作品の読みとりに関するものなど、さまざまです。

●各週の最後にある「翻訳にチャレンジ！」では、できれば自分の訳文を書いてみてください。辞書で調べながら、これを自分のことばでしっかり日本語にできるようになることが、この本のいちばんの目標です。

●中学三年生や高校生の人たちなどにとっては、ちょっとやさしすぎる個所《かしょ》もあるでしょうが、手応えじゅうぶんの設問がほとんどなので、ぜひこの本に取り組んでみてください。この特別授業を通して、わたしは小説を翻訳するにあたって重要だと考えることのほとんどを話したつもりです。その意味では、翻訳を勉強中の人や、ことばや文化全般《ぜんぱん》に興味がある人にとっても、隅々《すみずみ》まで楽しめる一冊だと信じています。

●『二十年後』の訳文は『オー・ヘンリー傑作《けっさく》集2　最後のひと葉』（越前敏弥訳、角川文庫）から転載《てんさい》しましたが、設問や解説の都合上、変更《へんこう》した個所がいくつかあります。

●巻末に載《の》せた『二十年後』の英文と日本語訳、そして各週の設問と「翻訳にチャレンジ！」は、河出書房新社のホームページからダウンロードすることができます。必要に応じてプリントアウトするなどして使ってください。

テキストダウンロードの
ページはこちら

オリエンテーション　＊第1週の授業に向けて

越前《えちぜん》　みなさん、はじめまして。越前敏弥《としや》です。翻訳《ほんやく》の仕事をしています。大人向けの小説が多いですが、ノンフィクションや児童書なども含《ふく》めて、これまでに百冊ぐらい訳してきました。

今回、十四歳《さい》の人たちといっしょに夏休みに翻訳をしてみようという企画《きかく》で、みなさんに集まってもらいました。翻訳をすると、**日本語の力**とか、**英語の力**とか、**辞書の調べ方**とか、**小説の読みとり方**とか、いろいろな力が身について、一石三鳥、一石四鳥という感じになります。でも、何よりみなさんには、**翻訳することのおもしろさを知ってもらいたい**し、**オー・ヘンリーの『二十年後』という作品を隅々《すみずみ》まで楽しんでもらいたい**。今回の特別授業の大きな目的はそのふたつです。

もちろん、英語の文法や単語など、中学二年生の夏までに教わっていないことはたくさんありますが、こちらでそのつど説明したりヒントを出したりしていきますから、心配はいりません。

では、みなさん、きょうの予習として、全員に『二十年後』を最後まで翻訳で読んでもらったんだけど、まずその感想を言ってみてください。まず赤城《あかぎ》さんから。つまんなかった、ここがよくわからなかった、なんて答でもいいですよ。

赤城　自分の二十年後はどうなってるかな、って思いました。いまよりもいいほうになってるといいなって。

越前　どうもありがとう。じゃあ、黒田くん。

黒田　すみません、まだ読んでなくって……。

（一同、笑）

黒田　こんどまでに読んできます。翻訳をやるのは二回目です。

越前　へえ、前にはどんなことをやったの？

黒田　塾《じゅく》で英語の物語を読んだことがあって、そのとき日本語に訳しました。

越前　なるほど。そのときと比べて今回は感じ方がどうちがうか、楽しみですね。白井くんは？

白井　最初は、ふたりが会えてよかったと思ったんですけど、意外な結末でびっくりしました。で、指名手配になってるのはどんな悪いことをやったのかな、と気になりました。

越前　なるほど。この人、そんなに悪い人じゃないかもね。想像してみるとおもしろい。

白井　はい、そうですね。

越前　実は、このあとの授業でもゆっくり話していくけど、最後のどんでん返しに至るまでに、**作者が読者をだますというのか、ちょっとした仕掛《しか》けが本文中にいくつか隠《かく》されています。**（数人、うなずく）あっ、気がついた人もいる？　そう、そんなことを確認しながら、もう一度読んでみてもいいね。では、青山さん。

青山　この話を読みきったときに、最後のところで頭がこんがらがっちゃったんです。えっ、どういうことだろう、何が起こったんだろうって。

越前　**作者にみごとにだまされた**ってことだね。

青山　はい。で、もう一度、全部じゃないですけど、ところどころ読みなおしながら考えてみて、ああ、そういうことだったのかって。人間は二十年でいろんな方向に変わるんだなって。

越前　この作品を翻訳した者としては、そんなふうに何度も深く読みこんでもらえるのはとってもうれしいです。では、最後に緑川さん。

緑川　友情は大切だけど、相手が悪いことをしたときにどうするかはむずかしい問題だなと思いました。

越前　自分自身の立場で、いちばんの親友がもしこんなだったらどうするかと考えると、むずかしいよね。

緑川　でも、やっぱり悪いことをしちゃいけないのかもなって。

越前　ありがとう。いろんな感想が出たね。最初からこんなにしっかり意見を言ってくれて、心強いです。

越前　みんなのことをもう少し知りたいので、こんどは**好きな本や作家**などを教えてもらえるかな。本を思いつかなければ、映画やドラマ、漫画《まんが》やアニメなんかでもいいです。

黒田　ぼくは『**神様の定食屋**』が好きです。作者は中村颯希《なかむらさつき》さん。主人公と妹が、亡くなった両親から定食屋を受け継《つ》いだけど、兄妹喧嘩《げんか》ばかりでうまくいかない。そこに神様が現れて、未練の残った魂《たましい》に主人公の体を貸すのと引き換《か》えに、料理を教えてくれることになり、それをきっかけに主人公がいろんな人とかかわっていくヒューマンドラマストーリーです。

越前　ありがとう。簡潔に説明するのがうまいね。

緑川　あたしは本はあまり読まないんですけど、漫画とかアニメでいいなら『**魔入《まい》りました！入間くん**』。（一同、うなずく）

越前　ぜんぜん知らないけど、みんなはよく知ってるようだね（笑）。

緑川　人間の男の子が魔界にはいって、悪魔たちと同じ学校で過ごすんです。主人公が成長していく感じがすごくよくて。
越前　ありがとう。読みたい作品が増えました。
青山　わたしは、本だと知念実希人《ちねんみきと》さんの「天久鷹央《あめくたかお》の推理カルテ」シリーズとか。あとは**『鬼滅《きめつ》の刃《やいば》』**が大大大好きです。
越前　好きな柱は？
青山　時透無一郎《ときとうむいちろう》。
越前　甘露寺蜜璃《かんろじみつり》と恋仲《こいなか》になるやつだっけ。
青山　それは伊黒小芭内《いぐろおばない》です。ちょっと顔が似てますけど。
越前　一気にまとめて読んだから、よく覚えてなくてごめんなさい。でも、やっと少しついていける話題が出はじめた（笑）。
白井　ぼくは何よりも**ハリー・ポッターのシリーズ**です。あとは重松清《しげまつきよし》の**『その日のまえに』**。
越前　お母さんが重い病気になるやつ？　どんなところが好きだったかな。
白井　なんだか切ないところです。
越前　切ないよね。あれは映画になっていて、大林宣彦《おおばやしのぶひこ》という監督《かんとく》の作品のなかでもべスト3にはいると思います。ぜひ観てください。

赤城　これまで読んだなかでいちばん好きだった本は星新一《ほししんいち》の『**きまぐれロボット**』です。ひとつひとつの短い話が、意外な展開ですごくおもしろかった。

越前　五十年ぐらい前、みなさんと同じくらいの歳のころに読んだな。どうして星新一の作品を読んだの？　ずいぶん前の作家だけど。

赤城　おじいちゃんがプレゼントしてくれました。

越前　ぼくと同じくらいの歳なのかもな……。いいおじいちゃんですね。

　ぼくがよく訳しているフレドリック・ブラウンという作家がいて、その作家が星新一とすごく作風が似てるんだ。そう、星新一が翻訳した作品もある。もっと言えば、これから授業で扱《あつか》うオー・ヘンリーも、ＳＦじゃないけれど、**ひねりのきいた結末**がとてもよく似ているよ。

　話が脱線《だっせん》したけど、**いろんなきっかけで本をたくさん読んでもらいたい**というのが今回の授業の大きな目的のひとつだから、このあともときどきこういう話に付き合ってください。

　ここで、今回の特別授業でアシスタントとして手伝ってくれる虹橋《にじはし》さんを紹介《しょうかい》します。みなさんと同じ中学を卒業し、いまは大学で英文学や英語学の勉強をしています。

虹橋　よろしくお願いしまーす。わたしは中高まではあまり本を読んだりしなかったんですけど、大学にはいってから文学とか翻訳とかに興味が出てきました。今回の特別授業をぜひ見たいと思って、お手伝いをさせてもらうことになりました。

越前　どうぞよろしく。最近まで、交換《こうかん》留学で一年間イギリスへ行っていたんだね。

一同　すごーい！

虹橋　でも、まだまだ英語が得意とまでは言えなくて、わからないことがたくさんあります。

緑川　あのー……なんて呼べばいいですか？　お姉さんとか？

虹橋　センパイでいいです。虹橋センパイとか。

越前　虹橋さんには、毎回の英文を最初に音読してもらいます。あとは、ところどころでまとめの感想を書いてもらったり。

一同　よろしくお願いします。

越前　さて、まず辞書の話を簡単にします。英語科の先生から聞いたんだけど、最近は教科書の索引《さくいん》などにけっこうくわしい語義が載《の》っているから、みんな、あまり辞書を引く習慣がないんじゃないかということでした。

でも、辞書を引いたり、いろいろ調べたりというのは、**翻訳という作業の第一歩**なので、まずは次回の課題をやるにあたって、手持ちのジュニア用英和辞典でもなんでもいいから、辞書で調べることをていねいにやってください。最低でも、ネット検索《けんさく》などで、その単語や表現の代表的な意味は調べてきてもらいたい。

もちろん、それでもわからないことは残ると思うけど、**調べる習慣がついている人とそうじゃない人では、すぐに大きな力の差がついてしまう**んだよね。

今回の特別授業では、全員が同じ条件になるように、『新英和中辞典』（研究社）を使ってもらうことにします。これはオンラインのWeblioという辞書サイトで、無料で使うことができます。もちろん、そのほかにもいろいろ調べてくるのは大歓迎《かんげい》。

ついでに言うと、みなさんの学校で使っている教科書は『Here We Go!』（光村図書）なので、これの中学二年生版の三分の一ぐらいのあたりまでは、すでに知っている文法事項《じこう》と見なして進めます。具体的に言うと、過去形・未来時制・動名詞あたりまでは知っていて、不定詞や助動詞をちょっと知っているぐらいの感じ。それ以外の文法事項を扱うときは、先に簡単に説明するから、心配しなくていいです。

では、第1週の課題のやり方について、簡単に説明します。今回は作品の冒頭《ぼうとう》の五行だけです。もちろん、いきなり訳せと言われてもわからないことだらけでしょうから、自分の訳文は作らなくてもいいです。ただ、つぎのページにある四種類の訳文と見比べながら考えれば、英語のどの部分がどういう意味なのか、だいたい想像がつくと思います。予習するときには、辞書を引いたり、ネットの検索をしたりは、どんどんやってください。内容についての設問をこちらでいくつか用意しておくので、次回はそれに答えてもらいます。

四種類の訳文のうち、いちばんはじめがぼくの作った訳文で、あとは全部、ネットでだれでも利用できる代表的なＡＩが訳したもの。今回はまず、いまのＡＩの翻訳はどの程度使えるのか、あるいは使えないのかということを話しながら、翻訳をするとはつまりどういうことなのかを最初に示せたらと思っています。

で、だんだん回を追うごとに、少しずつみなさんにも訳文を作ってもらうつもり。

それでは、第一回の授業を楽しみにしています。

第1週　課題

The policeman on the beat moved up the avenue impressively. The impressiveness was habitual and not for show, *for spectators were few. The time was barely 10 o'clock at night, but chilly gusts of wind with a taste of rain in them **had well nigh depeopled the streets.

* for　この for は接続詞で、「判断の根拠《こんきょ》」を表す。「～からだ」と訳すとよい。

** had ... depeopled　過去完了《かんりょう》形。その時点で終わっていたことを表す。

- well nigh　ほとんど
- depeople　～の人口を減少させる

解答欄《らん》

....

....

....

....

....

....

....

●越前訳

巡回《じゅんかい》中の警官が大通りを堂々と歩いていた。堂々としているのはいつものことで、見せびらかすためではなかった。そもそも、見ている者などほとんどいないからだ。まだ夜の十時かそこらだが、雨のほんの少し混じった冷たく強い風が通りからあらかた人を追いやっていた。

●AI翻訳A

警官はビートに乗って大通りを印象的に上って行った。観客が少なかったため、その印象は習慣的なものであり、見せかけのものではありませんでした。時刻はまだ夜の10時を少し回ったばかりだったが、雨を含んだ冷たい突風《とっぷう》が通りから人影《ひとかげ》をほとんど消していた。

●AI翻訳B

巡回中の警察官は、大通りを印象的に歩いていた。観客が少なかったからだ。時刻はまだ夜の10時前だったが、雨の味を含んだ冷たい突風が通りを覆《おお》い尽《つ》くしていた。

●AI翻訳C

巡回中の警察官は壮観《そうかん》に通りを進んでいました。その壮観さは習慣的なものであり、見世物ではなく、観客はほとんどいませんでした。時刻は夜の10時をわずかに回ったばかりでしたが、冷たい風と共に雨の味がするような突風が通りをほぼ無人にしていました。

第1週

AI翻訳は
まだまだ危険!?

WORLDLY WISDOM
FOR 14 YEARS OLD

越前《えちぜん》 みなさん、こんにちは。夏休みに集まってくれて、ありがとう。いよいよ翻訳《ほんやく》の授業第一回をはじめます。今回はオー・ヘンリーの『二十年後』の最初の段落だけをゆっくり読みます。今回はぼくの訳した文章のほかに、ネットでよく使われているＡＩ翻訳（機械翻訳）三つに同じ個所《かしょ》を訳させて、全部で四つの訳文を並べました。

第１週　学習範囲《はんい》
英文　初めから　５行目まで
訳文　初めから　４行目まで

ＡＩ翻訳はどのくらい使える？

越前 さて、それじゃ、ぼくの訳文と三種類のＡＩ翻訳、四つを比べてみて、どんな感じがしたかをみんなに言ってもらおうか。

赤城《あかぎ》 それぞれにちがってて、同じ英語なのに言い方がずいぶんちがうんだなと思いました。beat のところとか、一番目のＡＩの翻訳は「ビートに乗って」なんて、すごく変です。

黒田　**機械翻訳は人間味があまりない。**違和《いわ》感が大きくて、人が翻訳したほうがちゃんとしたものになる。tasteのところは、「雨の味」という訳はどう考えてもおかしい。味なんかするはずがないのに。あと、機械翻訳は三つともspectatorsが「観客」なんだけど、先生のやつは「見ている者」。

青山　ＡＩは全部直接的に訳している感じがして、単語帳に載《の》っているまま、「こう言ったらこうなんですよ」という決まりに則《のっと》っているようでした。越前先生の訳は**人が読んで通じるように書かれていて、**そこが人とＡＩのちがいなんだなと思いました。ＡＩは三つとも最初が「警官は」か「警察官は」だけど、先生のだけ「警官が」なので、そのちがいもどういうことなのか知りたいです。

緑川　人と機械で文章がぜんぜんちがうのにびっくりしちゃいました。「印象的に歩く」とか「壮観に進む」とか、ちょっと笑っちゃいそう。先生の「堂々と歩く」はすごくわかりやすいのに。

白井　ＡＩは辞書とかに載っていることばをそのまま入れてみた、みたいな感じで、**意味がわからなくはないけれど頭にははいりません。**人が翻訳したものは頭にスッとはいってきました。

越前　みんな、いろいろなことばでちがいを表現してくれてありがとう。細かいところまでよく見ているね。ひとことでまとめると、**自然な日本語になっていない**ってことかな。翻訳でとても大切なことのひとつとして、**「英語を見ないで日本語だけを読んで、しっかり意味がわかる」**ということがあるんだけど、みんなじゅうぶんにそのことを理解できている気がする。

　いまみんなから出なかったことでほかに大事なのは、まず、二番目のＡＩはほかよりずいぶん短くて、実は**英文のかなりの部分を訳していない**ということ。このＡＩはときどきこういうことをやるんだ。

　あとは、**文の終わり方が常体（～だ、～である）なのか、敬体（～です、～ます）なのか**も注目してみるといいね。これは大人向けの小説だから常体のほうがいいんだけど、敬体がまちがいというわけじゃない。まずいのは、一番目のＡＩのように、両方が混ざっている場合だね。しゃべるときはごちゃ混ぜになることがよくあるんだけど（いまぼくがしゃべっているときだって混ざっている）、**書いてある文章の場合は、そろえるのが原則**だ。

　もうひとつ、時刻が十時前なのか、十時よりあとなのかがＡＩによって分かれている。これはひょっとしたら大きな問題かもしれない。これについては、このあと、第６問でくわしく説明しよう。

　みんなも気づいたとおり、ＡＩはこういう物語などの翻訳ではまだまだ使い物にならないけど、たとえば半年前、一年前と比べるとずいぶん進歩しているんだ。それに、直接翻訳するのではなく、**調べ物をするときに部分的に使うような場合には、かなり役に立つ**こともある。ＡＩ翻訳が今後どう進化していくかはぼくにもわからないけど、完全に無視するわけにはいかないし、うまく利用することが大事だ。ただ、今回の授業ではこれ以上深入りしないことにする。

虹橋《にじはし》センパイからひとこと

　わたしもあまり時間がないときとか、英文をＡＩ翻訳にかけることがあるけど、むずかしい文章や文学作品では、笑っちゃうような訳文が多いよね。もう少しやさしい文章のときでも、大ざっぱな意味をとるにはいいけど、そのまま訳文として使うのはこわいかな。結局、自分で全部英文と日本語を比べてチェックすることになる。

「人間味がない」とか「辞書に載っている意味どおりに訳文に入れてみた感じ」とか、鋭《するど》い意見だなあと思った。変だと感じることって、大事だよね。いい翻訳をするための第一歩なのかも。

品詞の名前を覚えよう

越前　これから翻訳の授業をやるにあたって、英語の文法の話ばかりじゃなくて、わかりやすい日本語の書き方とか、小説を深く読むにはどうすればいいかとか、だんだんそっちの話を多くしていきたいんだけど、最初はどうしても、説明するにあたって、**用語の確認**をしなきゃいけない。そこでまず、品詞と呼ばれるものについてまとめてみよう。

次のページの表で左に並んでいるのが日本語の十品詞。その右が英語の品詞で、こっちは八種類という考え方と十種類という考え方がある。カッコがついている助動詞はその上の動詞の仲間、冠詞《かんし》は形容詞の仲間と考えることもできるんだけど、きょうは十種類として説明するよ。

まず**名詞**から。これは知っているね? つまり、物の名前だ。horse と Japan を例としてあげたけど、ほかに思いつくかな。順番に言ってもらおうか。

赤城　うーん、chair とか。

〈日本語の品詞〉

名詞
動詞
形容詞
形容動詞
連体詞
副詞
接続詞
感動詞
助動詞
助詞

〈英語の品詞〉

名詞	horse　Japan
代名詞	you　this
動詞	make　run
（+助動詞）	can　will
形容詞	good　tall
（+冠詞）	a　an　the
副詞	always　easily
前置詞	in　from
接続詞	and　or
間投詞	oh　wow

青山　desk とか。

緑川　bed とか。

越前　家具ばかりだね（笑）。dog とか cat とか、あとは人の名前でもいいね。人や場所の場合は最初が大文字になって、固有名詞と呼ばれる。ほかに、water や people などもそうだ。

つぎは**代名詞**。これは you や this。数はあまり多くないけど、よく出てくるね。

動詞はどうだろう？　動きを表すことばだけど、状態を表すものもある。ここに書いてある make や run のほかには？

黒田　study とか。

白井　swim とか。

赤城　stand とか。

越前　こんどは s ではじまるのが並んだな。どれもＯＫ。あとは、be 動詞ってことばを聞いたことがあると思うけど、その仲間もそうだね。am とか is とか、過去形の was もそう。
　つぎの**助動詞**は、みんながもう知っているものだと、can。未来の形を教わっているとしたら、will。ほかに、「～してよい」の may や、「～しなくてはいけない」の must を知っている人もいるかもしれない。動詞の前について、意味を補うことばだね。
　つづいて**形容詞**。物の状態や性質を表すことばで、good や tall。ほかには？
青山　えーっと……short。
越前　なるほど、tall の反対だね。
緑川　delicious もですか？
越前　あっ、そうだよ。
白井　new。
越前　いいね。あとは、色を表すことばなんかもそう。
　つぎの**冠詞**は、a と an と the の三つしかない。これについてはあとで説明しよう。
　副詞がちょっとむずかしい。動詞などにかかることばで、たとえば always。「いつも起きる」みたいに、動詞を修飾《しゅうしょく》するわけだ。みんなの教科書にこれまで出てきたものだと、easily（簡単に）というのがあった。easy（簡単な）は形容詞だけど。
黒田　それって、あとでやる第3問に関係ありますか？

越前　おお、鋭いね。あとにlyがつくことばについて考えよう。じゃあ、黒田くん、副詞はほかにどんなのがあるかな。
黒田　えー、うーん……。
越前　alwaysと似た感じのはないかな？
黒田　あっ、sometimes。usuallyもかな？
越前　どっちも正解。usuallyもlyがついているね。あとはwellとか。
　つぎの**前置詞**は、名前のとおり、何かの前について、場所や時なんかを表すことばだ。例としてinとfromをあげたよ。ほかには？
白井　on。
越前　いいね。そのほかは？
赤城　えーっと……わかりません。
越前　onは「～の上に」だね。反対に「～の下に」はなんだろう？
赤城　あっ、under？
越前　そうそう。
青山　あのお……in front ofもですか？
越前　あ、なるほど。一語じゃないけど、三語合わせて「～の前」だから、全体として前置詞の役割を果たすという意味ではOKだ。ほかに、きょうの文章で出てくるものでは、at や with があるね。

つぎの**接続詞**は、and と or を例にあげた。あとは but もだね。実は接続詞には二種類あって、大ざっぱに言って、単純なやつと複雑なやつがあるんだけど、今回の授業ではあまりふれないと思う。

最後の**間投詞**は、日本語の感動詞とほとんど同じで、「わー」とか「ぎゃっ」とか、叫《さけ》び声みたいなやつの仲間。例として oh と wow をあげてみた。

いっぺんに全部は覚えられないだろうけど、このあと、品詞を使って説明することもときどきあるから、だいたいの意味はわかっていてもらいたいんだ。

虹橋センパイからひとこと

わたしも中高のころは、意味がわかれば品詞なんてどうでもいいじゃないと思ってたけど、いまはやっぱり、どの品詞かを考えたほうが微妙《びみょう》な意味がわかる場合もけっこうあると思ってる。

まあ、あんまり細かく分けられちゃうのは、いまでも苦手だけどね。

だれでも得意、不得意はあっていい

越前　さて、これから本文の説明をするけど、その前にまず、アシスタントの虹橋さんに英文を音読してもらおう。

（虹橋さん、流れるように音読）

赤城、青山、緑川　うまーい！

白井、黒田　留学してくると、こうなるんだ。すげえ。

虹橋　いや、ゆうべがんばって何度も練習してきたからだよ。後輩《こうはい》の前で変なふうに読んだら恥《は》ずかしいし（笑）。

越前　たぶん、その両方だろうね。もちろん、長く海外にいれば、話すのと聞くのはある程度上達するものだけど、ただ行っただけでぼうっと過ごしていたら、あまり変わらないかもしれない。虹橋さんの場合は、**友達をたくさん作ったり、積極的にしゃべる機会を活用したりしたから、かなりうまくなったんだろう。**

虹橋　ありがとうございます。

越前　はっきり言って、ぼくよりもずっと音読がうまいから、この特別授業では全部まかせることにしたんだ。

青山　えーっ！　先生よりうまいんですか？

越前　というか、ぼくは英語でしゃべるのがあまり得意じゃないんだ。

赤城　うそでしょう？　翻訳の仕事をしてるのに？

越前　ほんとうだよ。ぼくの場合は、毎日仕事でたくさんの英語を読むから、読むのはだいたい問題ないし、書くほうもまあまあだけど、聞いたりしゃべったりする機会はふだんほとんどないから、海外に長く行っていた人にかなうわけがないんだ。

みんな、四技能ってことばを知っているかな？

一同　う〜ん……。

虹橋　わたしは知ってます。外国語の能力で重要とされている「読む」「書く」「聞く」「話す」の四つ。

越前　うん、外国語にかぎったことじゃないけどね。いまはその四技能をバランスよく向上させることが大事だとされていて、たしかにそのとおりなんだけど、だからと言って、**いきなり全部で完璧《かんぺき》を追い求める必要はない**んだ。そもそも、日本語でだって、読むのが得意な人もいれば、しゃべるのが得意な人もいるだろう？　**日本語で不得意なものが急に外国語で得意になるはずがない**よね。

（一同、うなずく）

越前　だから、まず得意なこと、好きなことを伸《の》ばせばいいとぼくは思っている。何もかもできるようになろうとして、英語の勉強そのものがきらいになってしまうのがいちばんまずい。逆に、**どれかが得意だと、自信がついて、ほかの能力も少しずつ身についていく**ものなんだよ。

なんて、自分がしゃべるのが苦手な言いわけのようになってしまったけど（一同、笑）、言いたかったのは、みんなに無理せず自分の興味の対象をひろげていってもらいたいということだ。この特別授業では、読み書きの力をつけることが中心だけど、虹橋さんに憧《あこが》れて「聞く」「話す」が伸びる人が出てくることもひそかに期待しているよ。

虹橋　わたしはまだまだ誤訳が多いし、読みとりも浅いので、みんなといっしょにしっかり勉強させてもらいます。

the と a のちがい、「は」と「が」のちがい

越前　では、これから、きょうの英文に関する設問について考えていこう。全部で八問。大事なのは、何よりもまず、**しっかり辞書を引く**ことと、**文の流れのなかでそれぞれの**

単語がどういう意味で使われているかを考えること。もちろん、わからないことがたくさんあるのは当然だから、それは気にしないで、わかることを少しずつ増やしていけばいい。

第1問 英文1行目のpolicemanにtheがついています。なぜaではないのでしょうか。

越前　いきなりむずかしい問題でごめん。さっき出てきた冠詞のtheの話だね。aとtheのちがいは知っているんじゃないかな? たとえば、I have a pen. とI have the pen. はどうちがうんだっけ、緑川さん。

緑川　I have a pen. は「わたしはペンを持っています」で、I have the pen. は「わたしはそのペンを持っています」。

越前　そうだね。「そのペン」というのは、**前に話題になっていたペン**のことで、I have a pen. のほうは、**なんでもいいからとにかくペンを一本**持っているということだ。

ちょっとむずかしいことばで言うと、**theは定冠詞、aとanは不定冠詞**と呼ぶことがある。知っているかな? 定冠詞は特定のものとして定まっ**ている**から定冠詞。不定冠詞は定まっていないから不定冠詞。
もう一例。She knows a doctor. と She knows the doctor. だったら、不定冠詞の a のほうは、何科なのかはわからないけど、どんな医師でもいいから知っているということ。定冠詞の the のほうは、特定の医師、佐藤《さとう》先生とか山田先生とかの話をしていて、その先生のことを指している。ここまではいいね？
（一同、うなずく）
越前　じゃあ、この物語のはじまりの部分を考えてみよう。物語の最初に警官が出てくる。ふつうだったら、読者はだれもこの警官のことを知らないんだから、a と the のどっちをつけるのが正しいかな？
一同　a です。
越前　そう。ところが、ここは the になっている。なぜだろうか、というのが、この問題だ。さあ、わかる人はいる？
赤城　……ちがうかもしれないんですけど、この警官は最後に名前がわかりますよね。
越前　うん、最後の最後にわかる。
赤城　だから、最終的にわかるから、the にしたんじゃないかと思いました。
越前　なるほど。ほかの人は？

四人　……。

越前　うん、これは超《ちょう》難問で、大学や翻訳の学校で尋《たず》ねても、しっかり答えられる人はほとんどいないと思う。だから、わからなくても気にしなくていいよ。

最終的にわかるから、というのは、ひとつの考え方としておもしろいんだけど、やっぱりこの作品の読者は最初から読むんだから、aではじまるのが自然なのはまちがいない。

じゃあ、作者はなぜtheではじめたかというと、この警官は読者のだれもが知らない人なんだけど、**theがついていることによって、知らないのに知っている気分になる**からなんだ。（何人か、うなずく）別の言い方をすると、親しみを感じるということ。それによって、**読者は作品の世界へはいりやすくなる**んだね。

だから、この作品だけじゃなくて、物語の最初に、いきなり登場人物にtheがついていることはよくある。もちろん、aのことも多いけどね。

じゃあ、それを日本語でどう表現するかというと、これがまたむずかしい。だけど、これは日本語のちょうど、「は」と「が」の使い分けに近いんだ。

たとえば、物語のはじめが「たけしはやってきた」のときと「たけしがやってきた」のときでは、どうちがうだろう。初登場という感じがするのはどっち？　白井くん。

白井　「たけしが」です。

越前　そうだね。「たけしは」のほうは、もともと読者が知っている人物だと自然なんだけど、でも、the の場合と同じように、読者に親しみを感じてもらうために、いきなり「は」ではじめる場合もあるんだ。

　最近の国語の教科書に載っているかどうか知らないけど、太宰治《だざいおさむ》の『走れメロス』は「メロスは激怒《げきど》した」ではじまる。もちろん初登場の人物だけど、これによって、**メロスが主人公だとすぐわかる**し、**読者は一気にメロスの心のなかにはいりこむ**感じになるんだ。

　さて、そうだとしたら、the の場合は「は」と訳し、a の場合は「が」と訳すほうがよさそうだ。ところが、ぼくの訳は「警官が」ではじまっていて、三つのAIはすべて「警官（警察官）は」ではじまっている。あれ、逆じゃないの、と思うかもしれない。だけど、ここでよく考えてもらいたいんだけど、日本語でいきなり「警官は」ではじまったら、親しみを覚えるというより、不自然な感じのほうが強いんじゃないかな。もし「は」にして親しみを感じさせたいんだったら、「その警官は」とすれば、変な違和感がなくなる。

　ぼくが訳したときは、その違和感がどうも気持ち悪かったから、the ではじまっているのに、あえて日本語として自然な「が」を選んだということなんだ。つまり、まとめて言うと、ここは**「警官が」か「その警官は」のどちらかがいい**と思う。

いきなりむずかしい話からはじまってしまったけど、theとaのちがいを完璧に説明できる英語話者も、「は」と「が」のちがいを完璧に説明できる日本語話者も、どこにもいないと言っていいくらいなんだ。大事なのは、**ことばの意味や使い方の微妙なちがいに日ごろから敏感《びんかん》になっておく**こと。その習慣がつけば、日本語にも英語にも強くなれるよ。

虹橋センパイからひとこと

わあー、むずかしかった！　でも、これって大事なことだと思った。最初のたった一語のちがいで物語のなかへのはいりやすさが変わるって、すごいよね。

わたしは赤城さんの意見にも賛成できたよ。この作品を一度読み終えた人が二度目に読むときに、小説の世界へ引きこみやすくしてるんじゃないかな。

「予想する力」と「選ぶ力」

第2問　英文１行目の on the beat はどういう意味でしょうか。beat を辞書で引いたうえで考えてください。

越前　つぎは on the beat の意味について。さっき赤城さんが言ってくれたとおり、「ビートに乗って」は変だね。ここでは、まず辞書をどんなふうに引いたらいいかを考えよう。

ぼくは翻訳の仕事を毎日しているので、英和辞典だけでも何種類も持っていて、それを「串刺《くしざ》し検索《けんさく》」と言って、いくつも同時に引くんだけど、みんなはそんなにたくさん持っていないだろうから、この授業ではその方法は使わずに進めよう。オリエンテーションで言ったとおり、Weblio という無料のオンライン辞書に『新英和中辞典』の語義がそのまま載っているから、原則としてこの辞書を使って説明するよ。

辞書で beat を調べてみよう。最初に動詞の意味がいくつも並んでいるね。「打つ」とか「叩《たた》く」みたいな感じのが多いと思う。でも、ここは on the beat で、**the のあとだから、beat は名詞だとわかる**ね。だから動詞は無視して、ずっと下まで行って、名詞の意味を見ると、「殴打《おうだ》」とか「鼓動《こどう》」とか「リズム」などの意味が並んでいる。

で、そのちょっと下へ目をやると、on the beat というのが載っている。意味はなんと書いてあるかな、青山さん。

青山　「テンポに合わせて、調子が整って」です。

越前　そう。でも、さっきも言ったとおり、この場面でその意味になるとは思えない。で、その意味はいったん脇《わき》に置いて、もう一度名詞の意味をよく見てみると、四番目に「（巡査《じゅんさ》・番人などの）巡回［受け持ち］区域」があって、その下に「on the [one's] beat 持ち場を巡回中で」とある。この one's というのは、my とか your とか Tom's とか、名詞や代名詞の所有格のことなので、ここでは考えなくていい。とにかく、ここまでで on the beat の意味がふたつ出てきたわけだけど、警官の話なんだから、ここでの意味はあとのほうにちがいない。

つまり、まず名詞であると予想しながら見ていって、そのあと、文脈から判断してふたつの意味のうちひとつを選んだわけだ。**辞書を引きながら文章を読むことを繰《く》り返していくと、この「予想する力」と「選ぶ力」が自然に身につく**んだ。これはみんなにとって、英語でも、国語でも、ほかの勉強をするときでも強力な武器になるよ。

虹橋センパイからひとこと

スマホでGoogleとかに英単語を入れると、すぐ意味が出てくることが多いから、辞書なんかなくてもどうにかなることも多いけど、やっぱりこういう複数の意味が考えられるときなんかは、ちゃんと辞書を下のほうまで見なきゃだめだよね。

接尾語《せつびご》をたくさん知っていると便利

第3問

英文2行目impressivelyと同じ行のimpressivenessはどう意味がちがうでしょうか。単語の終わりにlyがつく場合、nessがつく場合は、それぞれ意味がどう変わるでしょうか。

越前　1行目のmoved up the avenueは「大通りを歩いていった」で、最後のimpressivelyと、つぎの文のimpressivenessについての問題だ。impressiveということばにlyがつくか、nessがつくか。とりあえず、impressiveの意味は「印象的な」でいいとして、調べてみてどうだったかを聞いてみようか。lyがつくとどうなるかな、緑川さん。

緑川　「〜に」みたいな感じで、形容詞になるというか。

越前　そう、「〜に」になるのはいいんだけど、正確に言うと形容詞じゃなくて副詞だ。

緑川　そうなんですか。

黒田　さっき、品詞の説明のところでぼくが言ったやつだ。

越前　そう。そのとき、easy（簡単な）は形容詞だけど、easily（簡単に）は副詞だと言ったね。impressiveも人や物の性質を表すことばだから、形容詞だ。で、「印象的な」が「印象的に」になると副詞。ここではimpressivelyが少し前のmovedという**動詞にかかっている**。

似た例をあげると、a kind womanは「親切な女の人」で、She helped kindly. は「彼女《かのじょ》は親切に助けてくれた」だ。

このほか、a happy songは「楽しい歌」、sing happilyは「楽しく歌う」だから、「な」と「に」の組み合わせとはかぎらないんだ。

緑川　う〜ん、むずかしい。

越前　まず、意味が変わるということだけ覚えよう。だんだんわかってくるから。じゃあ、ness のほうは辞書にどう書いてあったかな、白井くん。

白井　……名詞ですか？

越前　そうだね。辞書には「形容詞・分詞などにつけて「性質」「状態」などを表わす抽象《ちゅうしょう》名詞を造る」と書いてあるけど、いまのところ、分詞とか抽象とかはわからなくてよくて、大事なのは**形容詞を名詞に変える**ということ。さっきあげた例に合わせると、kindness は「親切」や「親切さ」。happiness は「楽しさ」や「幸福」だ。ほかに、ness で終わることばを何か知っているかな？　日本語になっているものもある。

青山　ビジネス？

越前　おお、すごい。business もそうだ。もとの形容詞はなんだろう？

青山　busy です。

越前　完璧だな。ときどき y が i に変わったりすることもあるんだ。さっきの happily もそうだった。

で、この問題の impressive と impressively と impressiveness にもどると、「印象的な」「印象的に」「印象的であること」でもまちがいじゃないけど、なんだかぎこちない、とても日本語とは言えない、と、ＡＩ翻訳を見てみんなは思ったわけだ。

「〜的」っていうことばはたくさんあるね。たとえば、どんなのがある？

赤城　攻撃《こうげき》的。個人的。

白井　積極的。

越前　そうだね。積極的の反対は？

黒田　消極的。

越前　そう。実は「〜的」は、英語で romantic とか、「〜チック」ということばがたくさんあるけど、その**「チック」を日本語に採り入れて「的」という漢字にしたと言われているんだ。**

一同　へえぇ。

越前　便利なことばだけど、**もともと日本語ではなかったものだから、ちょっと硬《かた》い感じがするんだね。**

つまり、辞書に載っているのは訳語のほんの一例なんだ。三番目のＡＩの「壮観」というのは、「印象的」よりはいい感じだけど、人間について使うことばじゃないから、やっぱりしっくりこない。実は、ぼくの「堂々と」という訳語は、この文だけを読んで考えたんじゃなくて、このあとの部分をずっと読んで、この警官はどういう人だろうとか、この場でどんなふうに動いたんだろうとか、いろいろ迷ったうえで、いちばんふさわしいことばを選んだつもりだ。ほかにも訳し方はいくつかあると思うけど。

ly や ness みたいなのは**接尾語**と呼ばれている。それぞれの役割を覚えておくと、知っている単語の数を一気に増やせるし、知らない単語の意味がなんとなくわかったりするんだ。少しずつ覚えるといいよ。

虹橋センパイからひとこと

「〜的」がもともと日本語じゃなかったなんて、知らなかった！　いろいろ勉強になるなあ、この授業。

and で何と何が並ぶか

第4問
英文2〜3行目の not for show はどういう意味でしょうか。

越前　この問題でいちばん大事なのは、not for show の前の and の役割だ。

andはふたつの対等なものを並べるときに使う接続詞だ。三つ以上の場合もあるけど、ここではふたつのときを考えよう。たとえば、Mary and Ted だったら、メアリーとテッドというふたりの人物を並べている。じゃあ、I like music and sports. という文では、何と何が並んでいるかな？

緑川　music と sports です。

越前　そうだ。じゃあ、これはみんなの使っている教科書に出てきた例文なんだけど、I can swim and play the drums. という文では、and で何と何が並んでいる？

黒田　swim と play。

越前　なるほど。ほかの意見の人はいる？

一同　……。

越前　たしかに、swim（泳ぐ）と play（演奏する）はどちらも動詞だから、対等なものを並べているとも言える。だけど、ここで質問のしかたをちょっと変えてみようか。この英文の「わたし」は、何と何ができるんだろうか。日本語で考えてみて。

赤城　泳ぐことと、演奏すること。

越前　ほかの意見の人はいる？

白井　泳ぐことと、ドラムを演奏すること、のほうが正確だと思います。

越前　なるほど。実はそのとおりだ。この人はドラムを演奏できるけど、たとえばピアノは演奏できないかもしれないからね。swim と play の一語だけが並ぶほうがバランスがいいし、わかりやすいんだけど、この場合は正確には**「swim と play the drums が並ぶ」**なんだ。

もうひとつ。He caught and threw the ball. という文ではどうだろう。caught は catch（捕《つか》まえる、受けとる）の過去形、threw は throw（投げる）の過去形だ。この文の and は何と何を並べているだろうか。

黒田　caught と threw the ball ですか？

越前　賛成の人は？

（赤城と緑川、手をあげる）

越前　ほかの人は？　青山さん。

青山　この場合は caught と threw だけじゃないかと思います。

越前　白井くんは？

白井　あまり自信がないんですけど……ボールを受けとって、ボールを投げたんだから……。

越前　そう、その考え方でいいんだ。

白井　こんなふうに途中を飛ばしちゃっていいのかわからないけど、caught the ball と threw the ball が並んでいると思います。

越前　すごい、大正解。ただし、青山さんの答え方でも正解だ。さっきの例と比べてみると、swim は the drums とはなんの関係もなかったけど、こんどの文の場合は caught だけで独立しているわけじゃなくて、「ボールを受けとった」と「ボールを投げた」が並んでいる。でも、**caught the ball and threw the ball というのはくどいから、前の the ball を省略して、最後に１度だけ言っている**わけだ。この場合、並んでいるのは「caught the ball と threw the ball」と言ってもいいし、「caught と threw」と言ってもいい。

さて、前置きが長くなってしまったけど、第４問を考えてみよう。The impressiveness was habitual and not for show の意味はむずかしいから、まずぼくの訳文を見てもらいたい。「堂々としているのはいつものことで、見せびらかすためではなかった」。habitual は辞書には「習慣的な」とあるけど、さっきも言ったように「～的」はちょっと硬いから、「いつものことで」にした。最後の show は、日本語でも「ショー」ということばがあるように、「見せ物」や「みんなに見せること」。その前の for は「～のための」という意味の前置詞だね。つまり、not for show は「見せびらかすためではない」だと想像がつくだろう。これが第４問の答だ。

さて、この文の and で何と何が並んでいるかは、かなりむずかしいから、先にヒントを出しておこう。not の前に was を補ってみるとわかりやすいと思う。つまり、The impressiveness was habitual and [was] not for show にしたうえで考えてみると、

The impressiveness was **habitual**
The impressiveness was **not for show**

が並んでいるんだ。だからこそ、さっきの訳文のようになるんだね。

つまり、何と何が並んでいるかと尋《たず》ねられたら、長く答えてもいいし、いちばん短く答えるなら、habitual と not for show だ。

and についてずいぶん長く説明したのは、こんなふうに **and で何と何が並んでいるかをていねいに考える習慣をつけておくと、高校へ行ってもっとむずかしい内容の英文を読むときにぜったい役に立つ**からなんだ。

and で何と何が並ぶか

I like music and sports.

「音楽」と「スポーツ」が並ぶ

→わたしは音楽とスポーツが好きだ。

I can swim and play the drums.

「泳ぐ」と「ドラムを演奏する」が並ぶ

→わたしは泳げるし、ドラムの演奏もできる。

He caught and threw the ball.

→He caught [the ball] and threw the ball.

「[ボールを]受けとった」と「ボールを投げた」が並ぶ

→彼《かれ》はボールを受けとって、［そのボールを］投げた。

The impressiveness was habitual and not for show

→The impressiveness was habitual and (was)not for show

「いつものことだった」と「見せびらかすためではなかった」が並ぶ

→堂々としているのはいつものことで、見せびらかすためではなかった

虹橋センパイからひとこと

andやbutで何が並んでるかを考えるのって、わたしも中高ではあまり意識してやらなかったけど、大学受験のときに予備校で、しつこいくらい、それが大切だと教わった。ほんと、先生の言うとおり、むずかしい文になると、そういう考え方が効いてくるんだよ。

多いのか、少ないのか

越前　そのあとのfor spectators were fewについて。spectatorsについては、黒田くんがＡＩ翻訳の三つともが「観客」になっているとさっき言っていたけど、実はこれは悪い訳語じゃない。すぐ前にshow（見せ物）ということばがあったから、それに合わせて「観客」という意味のspectatorsと言っているんだ。つまり、**ちょっとしたおふざけというか、冗談《じょうだん》みたいなもの**だね。ぼくはそれよりもわかりやすさを大事にして、「見ている者」としたけど、そのあたりは翻訳ではどちらでも許される。

この最初のforは、二語前のforが「～のための」という意味の前置詞だったのに対し、こっちは接続詞なんだけど、いまはあまり深入りしない。二回あとの授業のときにもう少しくわしく説明しよう。

第5問 英文3行目の few を a few に変えると、意味はどう変わるでしょうか。辞書で few を調べてみてください。

越前 質問にある few と a few のちがいは、辞書にどう出ていたかな、白井くん。
白井 「少ししかない」です。
越前 それは a をつけないときだね。その下のほうに、a をつけたときはどういう意味か、書いてないかな。
白井 えー……あっ、これかな。「(a～の形で肯定的《こうてい》用法で) 少しはある」。
越前 そう。a のつかない few のほうには「否定的用法」と書いてあると思う。まとめて言うと、ただの few は「少ししかない」「ほとんどない」で、a few は「少しはある」。つまり、**同じ個数でも、少ないと思うか多いと思うか、感じ方の問題**なんだ。たとえば、何かが五個あったとして、それが多いのか少ないのかは、見方による。

「五個しかない」と思ったら few だし、「五個もある」と思ったら a few なんだね。同じことが little と a little についても言えるというのも、覚えておくとそのうち役に立つよ。

ぼくの訳文で、ここを「見ている者などほとんどいないからだ」としたのも、そんなことを考えてのうえだ。

虹橋センパイからひとこと

そうか、spectators は「観客」でもいいのか。ただ、ＡＩの訳がそうなったのは、冗談めかした感じを出したかったからじゃなくて、ただ機械的にそうしただけのような気がするけど。

辞書を引くのは大事だけど、同じくらい大事なのは……

第6問

英文３行目の barely を辞書で調べてください。この barely 10 o'clock は「十時の少し前」「十時の少しあと」「十時ごろ」のどれが正しいと思いますか。

越前　barely 10 o'clock は十時より前なのか、あとなのか。辞書だと「かろうじて」「やっと」などが出ているけど、これだけでは前後のどちらなのかわからないね。

ＡＩ翻訳だと、ふたつが「十時を少し回ったばかり」、つまり十時を少し過ぎているということで、ひとつが「まだ夜の十時前」だから、完全に割れている。さあ、これはみんな、どう思っただろうか。黒田くん。

黒田　十時ごろ。

越前　実は、**そうしておくのがいちばん安全**だね、どっちともとれるから。それはそれでまちがっていないので、ぼくも「まだ夜の十時かそこら」にしたんだ。

でも、前なのかあとなのか、どっちかに決めるとしたら、どっちだろうか。緑川さん。

緑川　あたしは前だと思います。そのほうが「まだ」という感じがより強く出るから。

越前　なるほど、ほかの人は？　青山さん。

青山　わたしも前だと思います。理由は……たしか、このずっとあとに書いてあったはず……えっと（ページをめくる）……ああ、これ、**「あと三分で十時だ」**って書いてあるから。

越前　訳文の40行目だね。そう、おみごと。それが決定的な理由だ。その時点で十時三分前なら、最初のほうはそれより何分か前だから、まちがいなく十時より前だね。もちろん、その場面で男が嘘《うそ》をついたりまちがえたりした可能性もあるけど、もしそうなら物語のどこかにそう書いてあるはずだから、それは考えなくていい。

ちょっと意地悪なクイズだったかもしれないけど、でも、翻訳にかぎらず、長い文章を読みとるときには、あとのほうにヒントがある場合だっていくらでもあるんだ。

実はbarely 10 o'clockの意味としては、十時前も十時よりあとも、どっちもありうる。だから、さっきも言ったように、訳語は「十時ごろ」や「十時かそこら」にしておけば問題はない。ただ、**文章を深く理解したいとき、手がかりになるのは辞書だけでなく、その文章自体がヒントになることもよくある**から、先の部分もなるべく全部読んでおく必要があるんだ。

虹橋センパイからひとこと

やられたー！　そういうことだったのか！　わたしはbarelyのことばかり考えて、どっちだかわからないままだった。こういうの、「木を見て森を見ない」っていうんだっけ。細かいところだけにこだわっていて、全体像が見えていないってこと。でも、青山さん、すごいなあ、名探偵《たんてい》だよ！

知らない単語が多くてもあきらめない

第7問 英文4行目の taste はふつう「味」という意味ですが、ここはその意味でいいでしょうか。辞書で調べてみてください。

越前 さっき黒田くんが言っていたように、だれも食べたりなめたりしていないんだから、「味」というのは変だね。第2問の beat と同じで、**予想しながらしっかり調べると、辞書に答があるはず**だ。どうだったかな、赤城さん。

赤城 わたしが調べたときは、「味」以外の意味だと、「好み」とか「趣味《しゅみ》」というのがあったんですけど、それでもここでは意味は通らないんで、困ったなと思いました。

越前 もう一度、さっきの『新英和中辞典』を見てみようか。

赤城 はい……あー、これかな? 「少量の」ってのがあります。少量の雨。

越前 それだとここにぴったりだ。ちょっと時間をかけて調べれば、わかるわけだ。つづいて、きょうの最後の問題。

第8問　英文４行目の them は何を指しているでしょうか。

越前　そのあたりの単語だと、chilly は「冷たい」で、gust は「強い風」。wind も風のことだから、gusts of wind 全体で強い風のことだと考えていいよ。さて、them は何を指しているかな？

白井　わかりません。

越前　はい、じゃあ、黒田くん。

黒田　冷たく強い風。

越前　英語だと、どの語だろう。

黒田　chilly gusts of wind。

越前　そのなかで、一語だけで言うと？

黒田　wind。

越前　そうかな。ヒントを出そう。them は it とどうちがうかな？

黒田　them は複数で、it は単数です。

越前　そのとおり。ということは、**them は複数形のことばを指している**んじゃないだろうか。

黒田　あっ、そうか。gusts だ。

越前　正解。むずかしい文、自分がよく知らない単語が並んでいる文でも、そういうふうに筋道立てて考えれば正解にたどりつくんだ。こういう勘《かん》の鋭さみたいなものも、英語に慣れていくと徐々《じょじょ》に身につくんだよ。

越前　きょうの授業はここまで。新しいことをたくさん教わって、みんな大変だったね。すぐに全部を覚えることはできないと思うけど、しっかり辞書を引いて、できれば品詞にも注意して調べるというのは、すぐにでも実行してもらいたい。

次回から、宿題として、「翻訳にチャレンジ！」というのをやってきてもらうことにする（→p.65）。これは今回やったことの復習も兼《か》ねていて、先にヒントを言うと、impressively ということばがはいっているし、and で何が並ぶかの復習もある。and じゃなくて but だけどね。あとは、知らないことばがいくつかあるかもしれないけど、辞書を引けばわかるはず。みんなの訳文を見るのを楽しみにしているよ。この「翻訳にチャレンジ！」は、回を追うごとに少しずつ長くしていくつもりだ。

そのほか、『二十年後』については、一回あたり一ページぐらいずつ進むけど、英文はざっとながめてくるだけでいいよ。訳文のほうはしっかり読んで、もし興味があったら、なんとなく英文と比べて読んでみてもいい。

きょうは英語の約束事の話が中心だったけど、だんだん物語の読みとり方とか、翻訳の本質に関する話が多くなっていくよ。

楽じゃないけど、楽しい翻訳の世界へようこそ。来週また会おう。

一同　ありがとうございました。あ～疲《つか》れた（笑）。

虹橋センパイからひとこと

みんな、お疲れさま～！　最初の日からいきなり超難問もあって、大変だったと思う。わたしだって設問の半分ぐらいしか答えられなかったんだから、ぜんぜん心配ないよ。

きょうはわたしもいろんなことを知ったけど、ちょっとまだ、自分のなかで整理できてないから、つぎの回にうまく言えるよう考えておくね。でも、はっきり言えるのは、この特別授業がわたしにとってもみんなにとっても、ものすごく役に立ちそうだってこと。英語だけじゃなく、日本語にも強くなれるし、小説の読み方とか、調べ物のしかたとか、ほんとうに一石三鳥や一石四鳥を狙《ねら》えるよ！

第1週ポイントチェック

□ＡＩ翻訳は進化しているが、まだまだそれだけに頼るのは危険。
□品詞を意識して、文の流れも意識しながら、辞書をしっかり引き、「予想する力」と「選ぶ力」を身につけよう。
□自分が得意なことを大切にし、無理せず興味の対象をひろげていこう。
□and で何と何が並んでいるかに注意することはとても大切。
□文章のあとのほうに書いてあることが読解のヒントになる場合もある。

第１回翻訳にチャレンジ！

The student achieved an impressively high score on the math test, but not on the science test.

解答欄《らん》

質問箱1 先生はなぜ翻訳家になろうと思ったの？

青山　先生はいつ、どうして翻訳家になろうと思ったんですか？

越前　翻訳の仕事をしようと決めたのは三十代の前半だな。それまで、学習塾《じゅく》で教えたり、留学関係の予備校で講師やカウンセラーをしたり、英語に接する時間は長かったけど、翻訳をしたいとは考えなかった。三十二歳《さい》のときに大きな病気をして、生きるか死ぬかぎりぎりになったことがあって、そのとき、何かこの世に残したいなと思ったんだ。

もともと本を読んだり文章を書いたりが好きだったし、英文は仕事でたくさん読んでいたから、**自分の強みをすべて生かせる仕事**は文芸翻訳だろうと考えて、翻訳学校にかよいはじめ、ほかの仕事をしながら四年ほど勉強をつづけた。プロになる前にそのぐらいの期間勉強するのは、翻訳の世界ではふつうのことで、もっと長い人もたくさんいる。そして、三十七歳のときに最初の訳書が出たんだ。もっとくわしく知りたい人は、『翻訳百景』（角川新書）というぼくの著書を読んでください。

結果としてはだいたいうまくいって、いまも大好きな仕事だし、**この仕事を選んでほんとうによかった**と思っているよ。

第2週

登場人物について考える

WORLDLY WISDOM
FOR 14 YEARS OLD

越前《えちぜん》　みんな、こんにちは。急に雨が降って、ちょっと雷《かみなり》が鳴ってるね。ぼくは降りだす直前にここに着いたから濡《ぬ》れなかったけど、あれ、黒田くん、ずぶ濡れじゃないか。だいじょうぶ？

黒田　（タオルで体を拭《ふ》きながら）だいじょうぶじゃありません（笑）。着くのがあと一分早かったら……でも、がんばります。

越前　いや、ちょっと休んでからでいいよ。そう言えば、青山さんがいないね。どうしたのかな。

赤城《あかぎ》　いまＬＩＮＥが来て、なんか電車が遅《おく》れたそうです。でも、駅から走ってくるって。

越前　うわー、この土砂《どしゃ》降りのなかを？　無理しなくていいのに。あ、でも、かなり小降りになったかも。濡れないといいね。

（一同、うなずく）

越前　青山さんには申しわけないけど、そろそろはじめようか。

前回はいきなり英語のむずかしい文法の話がいくつも出てきて、完全には理解できなかったこともあるかもしれないけど、似た形がまた出てきたときなどに説明するから、少しずつわかってくれればいいよ。

「第１回翻訳《ほんやく》にチャレンジ！」解説

まず、「第1回翻訳にチャレンジ！」の解説から。前回の最後にちょっとヒントを出したけど、この個所《かしょ》をしっかり訳せるようになることが、この特別授業のいちばんの目標だと言ってもいい。

さて、まだ来ていない青山さんを除いた四人に、自分の作った訳文を言ってもらおうか。

赤城「その生徒は数学のテストの点数は高かったけれど、理科の点数は悪かった」。

緑川「生徒は数学のテストでずば抜《ぬ》けて高い得点をとれたが、理科のテストはそうでもなかった」。

黒田「その学生は数学のテストで驚《おどろ》くほど高い点数を出したが、科学のテストは低かった」。

白井「その生徒の数学の点数はよかった。しかし、科学の点数は低かった」。

越前　なるほど。今回のポイントは三つあったんだ。**(1)辞書をしっかり引くこと、(2) impressively の訳し方を工夫すること、(3) but で何と何が並んでいるかをはっきりさ**

せることだ。

まず、辞書については前回も言ったから、いいね。たとえばachieveの意味を知っていた人はいないかもしれないけど、辞書には「成し遂《と》げる」や「達成する」と載《の》っていたと思う。今回の文では、テストでいい点や悪い点を「とる」ことだ。みんなの訳では、「出す」や「とる」の人と、「点数は高い」や「点数はよい」の人がいるけど、言いたいことはほとんど同じだから、どっちでもいいよ。

つぎに、impressivelyの訳は、今回もむずかしくて――

青山　（駆《か》けこんでくる）遅れました、すみません！

越前　気にしなくていいよ。大変だったね。あれ、あまり濡れていないな。

青山　大きい傘《かさ》を持ってました！　でも、靴《くつ》がびちょびちょ。靴箱に入れたけど、あとで乾《かわ》かさなくちゃ。

越前　帰りまでに少しでも乾いているといいね。少し休む？

青山　いえ、すぐやります！　どこまで進んだんですか？

越前　「翻訳にチャレンジ！」の訳文をみんなに言ってもらっていたところだ。青山さんはどう訳したかな？

青山　はい、言います。「生徒は数学のテストでは堂々といい点をとったが、理科では悪い点をとった」。

越前　なるほど、ありがとう。

さて、impressively だけど、赤城さんと白井くんは訳文に入れられなかったかな？

白井　「印象的に」も「堂々として」もどこで使えばいいかわからなくて。

赤城　わたしもうまく入れられませんでした。ぴったりのことばが見つからなくて。

越前　むずかしいよね。でも、**ぴったりのことばを見つけようと考える姿勢は正しい。**

つぎに、着いたばかりの青山さんの「堂々と」は、この前の訳文でぼくが使ったことばなんだけど、この前のが「堂々と歩く」だったのに対し、きょうの an impressively high score というのは、impressively が high にかかっていて、「高い点数」を強めている感じだから、「堂々と」だとちょっとずれるんだ。

青山　はい、自分でもなんだかここに合わないと思ってました。

越前　その感覚が大事だね。さて、緑川さんはどうして「ずば抜けて」にしたの？

緑川　「印象的に高い」ってことは、「まわりの印象に残るぐらい高い」ってことだから、「点数」との組み合わせだと、自分だったらどう言うだろうか、と考えました。

越前　すごいね。「ずば抜けて高い」なら、ここにぴったりだ。黒田くんの「驚くほど」は？

黒田　ぼくも同じような感じで、「印象的に」は相手の人やまわりの人を驚かすのと似てると思いました。

越前　これも同じくらいすごい。正直言って、こんなぴったりの訳を考える人がふたりもいるなんて予想もしていなかったよ。

つまり、impressively の意味が「印象的に」なのはいいんだけど、それが**いろいろな文脈で使われるときにどう表現するのがふさわしいのかは、辞書を見ても書かれていないことが多い**。結局のところ、自分の頭で考えるしかない場合もある。

赤城　先生はそこをどう訳したんですか？

越前　「すばらしく高い」にしたんだ。でも、「ずば抜けて」も「驚くほど」も、どちらも大正解だ。

さて、もうひとつのポイントは、but で何と何が並んでいるかをはっきりさせることだったね。これについては、みんな正しく読めていたと思う。but の場合も and の読み方と同じで、**並ぶのは似た形の表現**だ。前回は and のあとに was を補うとわかりやすいと言ったけど、今回の場合は but のあとに achieved を補うといい。つまり、こんな感じに並べると対称性《たいしょう》がはっきり感じられるのがわかるかな？

achieved **an impressively high score** on the math test, but (achieved) **a low score** on the science test.

訳はみんなの作ったものでほぼ問題ない。こんなふうに対称性を意識してきっちり並べる考え方は、きょうのあとの問いでも使えるよ。
ほかの部分の訳については、「理科」と「科学」はどちらでもいいし、low は「悪い」でも「低い」でもＯＫだ。あと、but のところは、「～が」でも「～けれど」でも、ふたつの文に切って「しかし」につなぐのでも、意味はだいたい同じだ。

●先生の訳例

その生徒は数学のテストですばらしく高い点をとったが、科学のテストではそうでもなかった。

虹橋《にじはし》センパイからひとこと

辞書を引くのって、最初はめんどうだけど、いろいろ見ていくうちにおもしろくなることもあるよね。

impressivelyの訳、「ずば抜けて」とか「驚くほど」とか、よく思いついたね！わたしも、前後の日本語と違和感《いわ》がないようなことばを選ぼうとがんばったけど、なかなか思いつかなかった。それで「印象的なほど」にしたんだけど、ぜったい緑川さんや黒田くんのほうがうまい！

『二十年後』授業

ひと山あてに西部へ行ったジミー

越前　さて、虹橋さんに英文を音読してもらい、今回からは訳文をみんなに数行ずつ読んでもらうことにする。**声に出して読むことで、何か気づくことがある**かもしれない。

第2週　学習範囲《はんい》
英文　6行目から　44行目まで
訳文　5行目から　30行目まで

（英文、訳文の音読が終わる）

越前　虹橋さんもみんなも、どうもありがとう。みんなにも読んでもらったのは、意味がむずかしいことばや聞き慣れない表現があるかどうかを確認したかったからだ。わかりにくいことばはあったかな？

緑川　24行目の「ひと山あてに」って、どういうことですか。

越前　もともとの意味は、鉱山を掘《ほ》りあてるということだ。たとえば金《きん》の鉱山が見つかったら大もうけできるから、ひと山あてたら大金持ちになれる。ただし、もちろん、だれもが鉱山を見つけられるわけじゃないから、賭《か》けみたいなものだね。ここでは、ほんとうに鉱山をさがしにいったとはかぎらなくて、新しい土地で新しい商売か何かをはじめて大もうけしようとしたと言っているんだ。

英語だと37行目の make my fortune というところだね。fortune は「財産」という意味だ。

作品の背景をちょっと説明しておこう。この話が書かれたのは一九〇五年ごろで、舞《ぶ》台《たい》はニューヨーク。アメリカの東海岸にあって、いまも当時もアメリカでいちばんの大都市だね。日本では東京にあたる場所だと考えていい。

一方、このころの西部は開拓《かいたく》されてからあまり年月が経っていないから、一部に都市はあったけど、古くから住んでいる人は少なくて、新しく移住した人が商売をはじめるチャンスが多かったんだ。「ひと山あてにひとりで西部へ向かう」というのは、冒険《ぼうけん》に近いことだったわけだね。

わからなかったことば、ほかにあるかな？

白井　3行目の「あらかた」。

越前「だいたい」とか、「ほとんど全部」ってことだね。ほかにもあったら、いつでも言っていいよ。もちろん、英語だけじゃなく、日本語についても、先に調べられるところは調べてくるように。

さて、前回と今回の範囲の内容をまとめて言うと、ある警官が夜に町を歩いていて、金物屋の前にひとりの男が立っているのを見つけるわけだ。その男は、二十年前にジミー・ウェルズという親友と交わした約束、久しぶりにここで会おうという約束を果たそうとしていると言う。

この話を最後まで読んだ人だったら、実はそのジミー・ウェルズというのは……という、話の「落ち」を知っているんだけど、はじめて読む人はそのことを知らない。

では、翻訳をする場合に何が大切かというと、前回の「十時より前なのか、あとなのか」なんてこともあるから、**最後まで読み終えて、話の大筋を知っておく必要があるん**だけど、一方で、**はじめて読む人がどんな気持ちでそれぞれの文を読んでいくかを想像することも大事**なんだ。

虹橋センパイからひとこと

先生や後輩《こうはい》たちの前で朗読するのって、めちゃくちゃ緊張《きんちょう》したけど、準備のために何度か声に出して読んでたら、少しずつ深く理解できているような気持ち、もっと深く理解したいという気持ちになってきたよ。黙読《もくどく》するだけではなんとなく読み過ごしてたかも。

あと、みんなの日本語の朗読を聞いてて、先生の訳文が読者にとって理解しやすいように組み立てられてるんだなあ、とあらためて思った。

警官はどんな人か

越前　さて、きょうは全部で七問ある。今回も英文と訳文の両方を見ながら考えてください。

第1問 第1週の範囲と今回の範囲の最初の段落（英文14行目まで、訳文9行目まで）を読んで、この警官はどんな人だと感じられるでしょうか。

越前　この話のはじめの二段落を読んで、この警官がどんな人だと感じられるか。どんな細かいことでもいいよ。全員に言ってもらおう。
白井　とても堂々としていて、隙《すき》のない人。
越前　いいね。隙のない人というのは、どこからそう感じたかな？
白井　6行目の「静まり返った街角へ油断なく視線を投げかける」とか。その前のいろんな動作もです。
越前　特に「油断なく」あたりかな。
白井　はい。
越前　そうだね。警官として、仕事をきちっとやっている気がする。
赤城　ちがうかもしれないんですけど……警官の仕事に誇《ほこ》りを持っている人だと思いま

す。

越前　ぜんぜんちがわないよ。とてもよく読めていると思う。実は、ぼくの用意していた答もまったく同じだ。どんなところからそう思った？

赤城　５行目で警棒を巧《たく》みに振《ふ》りまわすところとか。

越前　そうだね。警官の仕事が大好きだからそうするんだろうね。

黒田　自分を大きく見せようとしてるけど、ほんとうは臆病《おくびょう》な人。

越前　おー、これもおもしろい答だ。どのあたりでそう感じた？

黒田　ぼくも「油断なく」のところでそう思いました。

越前　あ、そうか、いろいろなことを心配しているから、油断なく、注意深くまわりを見ているってことか。

　黒田くんは白井くんとちがうことを同じ個所で読みとったわけだけど、**人間にはいろんな面があるから**、そういう読み方もできると思う。

緑川　あたしは、この人は堂々としているけど……変人じゃないかと思っちゃいました（笑）。

青山　わたしもそう思った。

越前　どうして？

青山　だって、だれも見ていないのに警棒をくるくる振りまわしたり、ポーズを決めるなんて、ぜったい変なやつ。

（一同、笑）

越前　ぼくも賛成だ。警官として誇りを持っているとも言えるけど、ちょっとやりすぎで、危ない人みたいな感じもするね。少し肩《かた》をそびやかす歩き方ってのもそう。

青山　あ、「肩をそびやかす」ってどういうことですか。

越前　「そびえる」ってことばがあるね。「高い山がそびえ立つ」とか。「そびやかす」は「そびえるようにする」ということで、高くするということ。ここでは、両方の肩をぐいっと持ちあげて、胸を張るような恰好《かっこう》をするということだ。第一段落の「堂々と」に通じる言い方だね。

　話が出たからついでに説明すると、これは英文だと9行目のswaggerということばだ。辞書には「いばって歩く」とか「ふんぞり返って歩く」とか、あまりいい意味ではない訳語が載っているんだ。ただ、いまみんなが言ってくれたように、この二段落を読むと、この警官は堂々として、仕事に誇りを持った人物に感じられる。だから、「肩をそびやかす」という、中立的な印象、どちらかと言うといい印象のことばをぼくは選んだ。「ふんぞり返る」も「肩をそびやかす」も体の姿勢としてはほとんど変わらないけど、

聞いたとき、読んだときの印象がまったくちがうからね。

緑川　あのー、話はもどるんですけど、この人は変人だから、あらかた人を追いやったということはないですか？

越前　え、なんだって？

緑川　この前の回の最後です。

越前　えーっと、そこは冷たく強い風が人々を追いやったんだよね。でも、こいつが変なやつだから、みんなが逃《に》げちゃったってこと？

緑川　はい。勢い余って。（一同、笑）

越前　うーん、そうだったらおもしろいけど、ちょっと強引かな。そこまで変なやつでもないんじゃないか。

緑川　わかりました（笑）。

越前　みんなの意見を聞いて、すごくおもしろかったよ。これだけ短い個所でも、こんなにたくさんの読み方ができるんだからね。どれかひとつだけが正解というわけじゃない。

でも、こんなふうに、**いくつもの側面を持っている人物だから、読者はこの警官の話を読んでみたいと思う**んじゃないかな。この警官がこの先どんな経験をするのかって、興味が湧《わ》いてくるんだ。ただのくそまじめとか、ただの変人とかでは、おもしろくないしね。

白井　ひとついいですか。7行目の「平和の守護者」ってどういうことですか。

越前　そのまま、「平和を守る人」のことだ。警官はまさにそういう職業だよね。もちろん、スーパー戦隊のヒーローもあてはまるけどね。

虹橋センパイからひとこと

小説の登場人物について考えるうえで、自分がどの部分を読んでそういう印象を得たのかを確認しながら読み進めていくことは大切。それをことばにすることで、理解が深まるはず。

そのうえで、たとえば「西部へ行く」という表現の歴史的背景を知ることで、もう一段深く理解できるし、翻訳する場合もそういうことを考えたり調べたりする必要があると思うな。

多面性を持つ人物だから、読者はその人に興味を持つというのも、よくわかった。わたしが文学に興味を持ちはじめたのも、そういうのがきっかけだったかも。

あなたはだれ？

第2問　英文11行目のyouはだれのことだと思いますか。

越前　こんどは英語の話だ。このyouはだれのことだろう。

英文では11行目からのNow and then you might see the lights of a cigar store or of an all-night lunch counter; というところ。訳文だと8行目からの「葉巻店や終夜営業の軽食堂の明かりがところどころ見えるが」だね。youのあとのmightは「〜かもしれない」という意味で、そのあとのseeは「見る」だから、だいたい「あなたが見る」ということだ。で、この「あなた」はだれだろうか。白井くんから。

白井　うーん、パス。

赤城　わたしもパス。

黒田　ぼくは、街を歩いている人じゃないかと思うな。

青山　わたしは、最初は「読んでいるわたしたち」のことかと思ったんです。で、自信がないから、お父さんに相談したら——

越前　お父さん？

青山　お父さんも英会話の勉強をしてるんで。

越前　すばらしい。いいお手本だね。

青山　で、お父さんに相談したら、この you は「一般的《いっぱん》に」とか、「不特定」とか、そういうのかもしれないって。

越前　お父さんも迷っていたんだね。

緑川　あたしは最初警官と思ったけど、考えなおして、黒田くんと同じで、街を歩いている人かな、と。

越前　みんな、考えてくれてありがとう。青山さん、お父さんにもよろしくね。

そうだな、日本語だけ読むと警官でもいいような気がするけど、やっぱりその場合は you じゃなくて he と言うはずなんだ。

街を歩いている人、というのは、前の段落でほとんどいないと言っているから、これもちょっとありそうもない。仮にそうだとしても、その場合は they と呼ぶのが筋だ。

小説の文章は作者が読者に向けて書いているんだから、**you はたいがい「この話を読んでいるあなた」**なんだ。つまり、青山さんが正解。青山さんから見れば、「読んでいるわたし」だね。youは「あなた」にも「あなたがた」にもなるから、「読んでいるわたしたち」でもいい。

だけど、実はお父さんのほうも正解だ。「一般的に」というのはちょっとわかりにくいけど、たとえば特定のだれか以外、目の前のだれか以外に向けてYou can swim here.などと言う場合もあって、日本語にするときには、いちいち「あなたは」をつけないで、「ここでは泳ぐことができる」とでも言ったほうがいい。その場合、だれが泳げるかというと、**特定の「あなた」ではなくて、「みんな」や「だれでも」**なんだよね。お父さんがおっしゃっていた「一般的に」や「不特定」というのはそういうことなんだ。

この小説の場合、もちろん読者はこの街のなかに実際にいるわけじゃないけど、「もし読者であるあなたがこの場にいたら、～が見えるだろう」というつもりで作者は書いている。でも、だれもが「読者であるあなた」になれるわけだから、「一般的に」の用法だとも言えるんだ。

実はこれと同じ使い方のyouが今回の範囲にもうひとつあってね。英文の37行目のYou couldn't have dragged Jimmy out of New York; の最初のYouがそうだ。訳文だと25行目の「ジミーをこのニューヨークから引きずり出すなんて、だれにもできなかった」だね。

この個所は、西部から来た男が警官に向かって話している会話の一部だから、ふつう、youは話している相手、つまり警官になるんだけど、訳文では「だれにもできなかった」としている。まあ、「あなたが二十年前にジミーに会ったら」という意味と考えられなくもないけど、「一般的に」「不特定」のyouと見なすほうが自然なのはわかるだろう。

こういうyouは英語の文章をたくさん読むようになったら、よく出てくるから、そういう用法があることは覚えておくといいよ。

おや、雨があがったようだね。帰るときもやんだままだといいな。

虹橋センパイからひとこと

ふと思ったんだけど、読者に対してyouと語りかけて、小説の世界のなかへ読者を誘《さそ》うという点では、第1週のthe policemanの定冠詞《ていかんし》と似てるんじゃないかな。わたしはここを読んだとき、急に西部の男から実際に話しかけられてるみたいな気分で、ドキッとしたんだ。こういうポイントに目を向けることも、読解を楽しむひとつの方法だよね。

何と何が並んでいるのか

第3問 英文12行目の or はどの部分とどの部分を並べているでしょうか。

越前 前回の and、今回の宿題の but につづいて、こんどは or だ。英文は第2問と同じ Now and then you might see the lights of a cigar store or of an all-night lunch counter; で、訳文は「葉巻店や終夜営業の軽食堂の明かりがところどころ見えるが」だね。

何と何が並んでいるんだろう。

緑川 葉巻店と、終夜営業の軽食堂です。

越前 うん。英語だとどうかな？

緑川 a cigar store と an all-night lunch counter。

白井 賛成。

黒田 賛成。

青山 わたしも賛成。

赤城　わたしはofからじゃないかと思いました。意味はちょっと自信がないけど。
越前　ofは「の」でいいよ。
赤城　両方ともofからはじまっているから、of a cigar storeとof an all-night lunch counterじゃないかなって。
越前　ありがとう。厳密に言うと、そっちが正解なんだ。「明かり」というのは英語ではlightsで、そのlightsにかかっているのはof a cigar storeとof an all-night lunch counterだからだ。

もう少し簡単な例を考えてみよう。
Do you like tea or coffee? だったら、並んでいるのはteaとcoffeeで問題ない。なぜかというと、これは

Do you like tea?
or [Do you like] coffee?

というふたつの文をいっしょにしたものだからだ。**共通する部分がくどいから、省略されているん**だね。もうひとつ、この場合はどうかな?

The animals sleep in the morning or at night.（その動物は朝または夜に眠《ねむ》る）

何と何が並んでいるだろう。さっき正解した赤城さん、どうかな。

赤城　the morning と at night。あ、それとも、in the morning と at night ですか？

越前　そう、あとのほうが正解。この前やったように、in と at はどっちも前置詞だから、対称の形で並ぶのが正しい。ふたつに分けて書くとこうだ。

The animals sleep in the morning.
or [The animals sleep] at night.

で、最初の文にもどろう。the lights からあとを考えると、

the lights of a cigar store
or [the lights] of an all-night lunch counter

となっているんだ。この場合は、どちらも of ではじまっているから、前の例よりも

むしろわかりやすいかもしれないね。

日本語では、「葉巻店や終夜営業の軽食堂の明かり」をふたつに分けると「葉巻店の明かり」と「終夜営業の軽食堂の明かり」になり、どちらも「の」でつながっていることとだいたい対応する。

こういうとき大事なのは**「形や意味が対称であること」**と**「どの語にどうかかっているかを見きわめること」**だ。しつこいようだけど、このことは将来もっとむずかしい英語を読むときに大事になる。

and や but や or のことを**等位接続詞**と呼ぶことがあるんだ。「位の等しいものをつなぐことば」という意味だね。

虹橋センパイからひとこと

この前も言ったけど、等位接続詞のつなぐ部分を考えるってほんとに大事なことで、英文を構造として理解する第一歩だと思う。中学生のうちからこの考え方が身についてたら、わたしは大学受験で浪人《ろうにん》せずにすんだかも（笑）。

「いる」と「いた」では、どうちがう？

第4問
英文16行目から18行目の文に対する訳文は「暗くなった金物屋の戸口に、火のついていない葉巻をくわえた男がひとり寄りかかっている」です。英文の動詞が過去形（leaned）なので、「〜いた」と訳してもいいところですが、「〜いる」と「〜いた」ではどう印象が変わるでしょうか。

越前　たぶん、今回のなかでいちばんむずかしい問題だ。

これは英語の話というより、文学作品の読み方の話だから、英文のほうはとりあえず見なくていい。訳文の10行目から12行目までを、もう一度しっかり見てみよう。

ある街区の中ほどまで来たとき、警官は急に歩をゆるめた。暗くなった金物屋の戸口に、火のついていない葉巻をくわえた男がひとり寄りかかっている。警官が近づくと、男はすかさず口を開いた。

ここは文が三つあって、それぞれの終わりは「た」「る」「た」だ。**「た」で終わる文は過去を表し、「る」で終わる文は現在のことを表す**というのは、なんとなくわかるね。実はこの個所は英語では三文とも動詞が過去形（slowed と leaned と walked）なんだけど、訳文のほうでは真ん中の文だけ「る」で終わっている。なぜ三つとも「た」にしなかったのか、そして「た」と「る」ではどう印象が変わるのか、というのがこの質問だ。超《ちょう》難問だから、パスでもかまわないよ。黒田くんから。

黒田　パス。

青山　パスします。

緑川　パスしません（笑）。

越前　えらい！

緑川　あの……まちがってるかもしれないけど、なんて言うか……「いる」のほうは目の前にいる感じがしました。

越前　目の前。だれの目の前？

緑川　警官。

越前　すごくいいことを言っていると思う。つづけて。

緑川　つまり……「いた」と比べて、「いる」のほうは、警官がいま相手を見ている、相手に出くわしている感じがしたんです。
越前　すごい言語感覚だよ、それ。すばらしい。
緑川　えへへ。
越前　ちょっとむずかしい言い方をすると、**「臨場感がある」**ということだね。物語の仕組みについて考えていくときに、**「視点人物」**ということばがあるんだ。**その話がだれを中心に動いて、だれの見たものや聞いたことが語られているか**ということで、「主人公」ということばとかなり意味が近い。
　この作品の場合、前半の視点人物は警官だ。正確に言うと、三分の二ぐらいまでね。そこで警官が退場して、こんどは視点人物が西部から来た男に変わる。わかるね？
（一同、うなずく）
越前　で、この段落も、警官が視点人物だ。最初の文で「歩をゆるめた」、つまり歩き方がゆっくりになった。そして二番目の文では、警官の目に映った光景が書かれている。三番目の文ではまた警官が近づき、相手の男が動く。**動作→光景→動作**という流れだ。
　つまり、二番目の文では、警官の心のなかで、一瞬《いっしゅん》時間が止まっている感じがするんだ。前後の文ではふつうに時間が流れているのに対し、真ん中の文ではその途中《とちゅう》で時間が止まり、警官の見たものが強調される。こういう書き方をすることで、全体のリズムがよくなって、「〜た」を三つ重ねた文よりも生き生きとした文章になる。

はっきり言っちゃうと、学校の英語のテストでは、英語が過去形だったら原則として「〜た」でそろえたほうが安全だと思う。テストというのは、基本的な知識を確認するためのものだからね。ただ、文学作品を読むときとか、翻訳も含《ふく》めて自分で書くときなどは、こういう変化のつけ方を知っていたほうが作品を深く理解できる。長篇《ちょうへん》でも短篇でも同じことが言えるけど、この『二十年後』は、たった六ページのなかで視点が逆転するという珍《めずら》しい作品だから、今回の教材で選んだんだ。

実は、訳文の18行目から20行目も同じような構造になっている。

戸口の男がマッチを擦《す》って葉巻に火をつけた|。その明かりで、青白く顎《あご》の角張った顔が浮《う》かびあがった|。目が鋭《するど》く、右の眉《まゆ》の近くに小さな白い傷跡《きずあと》がある|。ネクタイピンには大きなダイヤモンドが妙《みょう》な恰好《かっこう》ではまっている|。

前のふたつの文は動きがあって、時間がふつうに流れているから「た」で終わっている。それが、二番目の文でまわりが明るくなるのをきっかけとして、そのあとの文では、やっぱり警官の見たものが書いてあるから「る」で終わっているんだ。

黒田　びっくりだな。そんなルールがあるなんて。

越前　すべての作品のすべての場面でこのルールが通用するわけじゃないけど、かなりの個所であてはまるんだ。このことを知っていて小説を読んでいくと、内容が頭にはいりやすかったり、くっきりと情景を思い描《えが》けたり、いいことがたくさんあるよ。

虹橋センパイからひとこと

翻訳にこんなテクニックがあるなんて、ぜんぜん知らなかった！　これって、翻訳だけじゃなく、ふつうに日本語を書くときにも応用できるんじゃない？

筋道立てて考えれば、あまりむずかしくない

第5問　英文26〜27行目のIt was torn down then. で、Itは何を指していますか。また、

tornを辞書で調べると、なんという動詞のどんな形だと書いてあるでしょうか。

越前　ここは中学二年の夏ではまだ教わっていない文法事項《じこう》だから、軽く説明するだけで、あまり深入りしないつもりだ。でも、ちょっと聞いてみようか。Itが何を指しているかと、tornはなんという動詞のなんという形か。黒田くん。

黒田　Itのほうはパス。tornはtearの過去分詞。

越前　はい、そうだね。**過去分詞**というのはまだ教わっていないだろうから、いまは知らなくてもいいけど、中二の後半から中三にかけてのあたりで、**現在完了《かんりょう》**や**受動態**という形をやるときに覚えることになる。とりあえず、名前だけは覚えておくといい。tearの意味は「破る」や「壊《こわ》す」で、It was torn down then. の意味は「それはそのあとで壊された」とか、そんな感じなんだ。こんなふうにbe動詞のあとに過去分詞が来る形を受動態（受け身）と呼ぶんだけど、いまのところ知らなくてもいい。

で、主語のItが何を指すか。言い換《か》えれば、壊されたのは何か、ということだね。

前回の第8問で、themが何を指しているかを知るために、なるべく近い複数の名詞をさがして答にたどりついたんだけど、今回も似たことをやってみよう。Itだから単数の名詞で、人間じゃないものだ。

もういっぺん黒田くんに聞いてみようか。It の前から少しずつさかのぼっていって、いちばん近いそういう単語はなんだろうか。

黒田　えーっと……あー……restaurant かな？

越前　正解。ゆっくり考えれば、調べなくてもわかるってことだ。この場合、policeman は人間だからだめだし、その前の Until five years ago にも単数の名詞はない。となると、その前の restaurant である可能性、正確には 'Big Joe' Brady's restaurant である可能性がかなり高いんだ。

外国語と向き合う場合、理解できない個所がいくつかあっても、こんなふうに**ルールに従って読んでいけば、かなりのことがわかる**から、すぐにあきらめちゃいけない。

虹橋センパイからひとこと

単数と複数のちがいって、けっこうめんどうくさいけど、逆に使い分けられてるから何を指してるかわかりやすいってときもあるよね。

英語どおりの主語にすると……

第6問
英文29行目から30行目の The light からはじまる文を、「その明かりは」ではじめると、どんな日本語になりますか。訳文（18行目から19行目）を利用して考えてかまいません。また、それでどんなふうに印象が変わるでしょうか。

越前　これもまた、いままで考えたことのないような問題だったかもしれないな。
　ここの英文は The light showed a pale, square-jawed face with keen eyes, で、日本語は「その明かりで、青白く顎の角張った顔が浮かびあがった」だ。英語は無視していいから、この日本語を「その明かりは」ではじめてだいたい同じ意味になるようにするとどうかな、白井くん。

白井　その明かりは青白く顎の角張った顔を……浮かびあがらせた。

越前　いいね、そのとおりだ。その文の主語と述語はなんだろう。

白井　主語が「その明かり」で、述語が「浮かびあがらせた」です。

越前　そうだ。で、「その明かりは」ではじめた文はどんな感じがするかな？

白井　なんか、**ぎくしゃくした変な感じ**です。

越前　いいね。しっかりした言語感覚がある。これ、英語は The light ではじまっていて、それが主語だから、日本語にすると「その明かりは」ではじまることになるんだけど、そのままだと、いま言ってくれたとおり、ぎくしゃくした変な感じになるんだ。

もうちょっと、そのあたりを別の例で考えてみよう。

The news surprised me. はどういう意味だろう。surprise は「驚かせる」だ。赤城さん。

赤城　そのニュースはわたしを驚かせた。

越前　そう。では、それと同じ意味のことを「わたしは」ではじめたらどうなるかな。

赤城　わたしはそのニュースを見て驚いた。

越前　うん。「見て」でも「聞いて」でもいいね。「そのニュースに驚いた」でもいい。「そのニュースは」ではじめるのと「わたしは」ではじめるのと、どっちが自然かな？

赤城　「わたしは」のほうです。

越前　そう。いまみたいに自分で入れ替《か》えができると便利だね。

もう一問。Five-minutes' walk took him to the station. はどうだろう。Five-minutes' walk は「五分間歩くこと」。took は take の過去形で、ここでは「連れていく」という

意味だ。日本語にできるかな、緑川さん。

緑川　五分間歩くことは彼《かれ》を駅へ連れていった。なんか変。

越前　そう、**人間ではないものが主語になることは英語ではよくあって、ごく自然な言い方だけど、日本語では不自然になってしまう**んだ。じゃあ、これを「彼は」を主語にして言い換えるとどうなるだろう。こんどは青山さん。

青山　彼は五分歩き……五分歩くと……駅へ連れていき……あれれ。

越前　「連れていく」にこだわらなくていいよ。こういうとき、自分だったらどう言うだろうかと考えてみて。

青山　彼は五分歩くと……駅に着いた、とか？

越前　そうそう。それが自然な言い方だ。「五分歩くと」を前にまわしてもいいね。

　こういうのをＡＩに翻訳させると、いまのレベルだと不自然なほうの「そのまま訳文」を平気で出してくるんだね。でも、みんなは十四年ぐらい生きてきて、どういうのが自然な日本語なのかを知っている。**ことばに対する自分の感覚は、英語を学ぶときもふつうに読書をするときも、強力な武器になる**んだ。みんなにはそれがじゅうぶん具《そな》わっている。

虹橋センパイからひとこと

こういうのは「無生物主語の構文」っていうんじゃなかったっけ？　大学受験のころに英文和訳のテクニックとして教わったけど、中学生でもじゅうぶんわかるんだね。テクニックというより、日英両語のそもそものちがいだと言われて、納得しました！

デニーズ、ウェンディーズ、ほかには？

第7問

英文32行目から34行目の I dined here at 'Big Joe' Brady's with Jimmy Wells, my best chum, and the finest chap in the world. について。

(1) 'Big Joe' Brady's のあとに省略されている単語があります。なんでしょうか。

(2) best や finest のような -est で終わる形をなんと言いますか。調べてください。

越前　きょうの最後の問題だ。英文と訳文を並べるとこうなる。

I dined here at 'Big Joe' Brady's with Jimmy Wells, my best chum, and the finest chap in the world.

ここにあった〝ビッグ・ジョー〟・ブレイディの店で、ジミー・ウェルズって男とめしを食ったんです。そいつはおれの親友で、世界一いいやつでした。

問いがふたつあるね。どうだろう。

赤城　前のほうはわかりませんでした。あとのほうは**最上級**です。

越前　最上級のほうはOK。これはあとで説明しよう。前の質問は、'Big Joe' Brady'sのあとにはいるはずの単語は何か。ヒントは、そう、このことばは第5問でも出てきたんじゃないかな？　その個所と見比べてごらん。英文の25行目だ。

赤城　あー……restaurantですね。

越前　そう。'Big Joe' Brady'sというのは、'Big Joe'というのが愛称で、Bradyがたぶんだれかの名字だ。「〝ビッグ・ジョー〟・ブレイディのレストラン」だから、そういう名前の人がこの店の主人か経営者なんだよ。二度目だからrestaurantを省略したとも言えるけど、最初から何もつけないでこんなふうに'sで終わる店の名前はけっこうたくさんあるんだ。実は日本にもいくつかある。みんなの知っているレストランのチェーン店で、そういうのがあるんじゃないかな？　だれか言ってみて。

緑川　デニーズ？

越前　うん、Denny'sがそうだ。もとの意味は「デニーの店」とか「デニーのレストラン」とか。ほかには？

青山　（白井に）ほら、あれ、言いなよ。

白井　えっ、そうかな。

青山　そうだよ、ほら。

白井　えっ、おれが言うの？

越前　何をもめてるんだ（笑）。どっちでもいいから、どうぞ。

白井　マクド……ナルド？

越前　そう、そのとおりだ。英語で書くとMcDonald's。おもしろいのは、この場合、日本語ではマクドナルズじゃなくて、なぜかマクドナルドだってこと。こういうのは会社の方針で決まるんだろうけど、マクドナルズでは言いにくいからかもしれないね。

緑川　ウェンディーズもですか？

越前　Wendy'sもそうだ。あとは、綴《つづ》りを言うと、T‐u‐l‐l――

青山　タリーズ！
白井　何、それ。
青山　カフェよ、カフェ。
越前　Tully'sはきみたちの歳《とし》だとまだあまり使わないかもな。ほかにも例があるかもしれないよ。

さて、最上級のほうへ行こう。これはつまり「いちばん〜」ということだ。ふつうは**形容詞や副詞の最後にestをつける**。tallならtallestで、「いちばん高い」。longestは「いちばん長い」。例外もいくつかあって、best（いちばんよい）はgoodまたはwellの最上級なんだ。finestはfineの最上級。この場合はeが重なるからひとつ消える。長い単語の場合は、最後にestがつくんじゃなくて、最初にmostがつくんだ。たとえば、beautifulの最上級はmost beautifulだ。

ふつうに形容詞や副詞がはいる場所に最上級の形を入れればいいだけだから、大ざっぱなルールはすぐ覚えられると思う。theがつくことが多いよ。

この勢いで、次回の最初にやる「第2回　翻訳にチャレンジ！」についてちょっと説明しよう。見てのとおり、最上級の形がいくつかはいっている。the most populous and vibrant は populous と vibrant の最上級。単語の意味は辞書を引けばわかるはずだ。3行目の busiest は busy の最上級。こんなふうに y が i に変わる場合もあるんだ。そう言えば、前回の授業では busy に ness がついて business になったんだったね（→ p.47）。辞書をしっかり引いて、自然な日本語を作ってくること。いまのきみたちの力でじゅうぶん訳せる英文だ。みんなの訳文を見るのが楽しみだな。

きょうもたくさんのことを新しくやったけど、しっかり予習してきてくれた人が多くて、うれしかった。それに、ぼくが自分では思いつかないようなすばらしい答もいっぱい聞くことができた。どうもありがとう。ぼくにとっても、いろいろ勉強になるよ。次回も、たぶん見慣れないタイプの質問がいくつかあるけど、みんなの力と意欲があれば、かならずいい答を出すことができると思う。来週を楽しみにしています。

一同　ありがとうございました。

越前　あ、外はすっかり晴れているじゃないか。

一同　よかった〜。

虹橋センパイからひとこと

今回もおもしろかった！

視点人物とか、物語の背景とか、ふだんなら見落としてしまう細かいところまで考えていくことで、なんだか自分も英語が少しよくできるようになった気がする。日本語と英語のちがいをもっともっと知りたい！

第2週ポイントチェック

□登場人物がどんな人かを考えてみよう。
□and だけでなく、but や or で何と何が並んでいるかを意識するのも大切。
□物語の「視点人物」を見つけよう。
□代名詞が何を指すのかを、筋道立てて考えよう。
□人間以外が主語になる文を訳してみよう。
□'s で終わると店の名前を表す。
□最上級がどんな形かを覚えよう。

第２回翻訳にチャレンジ！

Tokyo is the most populous and vibrant city in Japan. It boasts the tallest skyscrapers and the busiest train stations. Many foreign tourists visit Tokyo every day.

解答欄《らん》

質問箱2 英語が話せるようになるには？

緑川　今回の特別授業で、英語を読むのは少し楽になってきたんですけど、話すのがすごく苦手です。話せるようになるためには何をすればいいですか？

越前　これはぼくよりも虹橋さんに答えてもらうほうがいいかもな。

虹橋　いや、わたしだってまだまだですけど……。

まず、自信をつけるために、ヒアリングや会話用の教科書を何度も何度も音読して覚えてしまい、**考えなくても口から出てくるようにする**のがいいと思うな。わたしはそうした。テスト対策は何をやったらいいかわからなくて、とりあえず全部暗記するようにしたら、なんとなくいろんな表現が自然に口から出るようになってきた。

あとは、やっぱり**経験を積む**ことだと思うよ。だれかに英語で話しかけられたときに、ごく基本的な返事ができれば、**うれしくて自信がついて**、それが一歩目になって、どんどんやっていくうちに、一の力だったのが、いつの間にか十の力がつくんじゃないかな。

無理せずに楽しくつづけよう！

第3週

翻訳の楽しさ、ここにあり

WORLDLY WISDOM FOR 14 YEARS OLD

越前《えちぜん》　こんにちは。きょうはこの前とちがって、むちゃくちゃ暑いね。
　きょうでオリエンテーションを入れると四回目だ。ここまでの感想をみんなに言ってもらおうか。
赤城《あかぎ》　意味がわからない単語とかを調べていくうちに、だんだんわかるようになったのが楽しいです。ネットで調べるだけでなく、辞書を引く習慣がついたのがいいなと思いました。
青山　知らない単語はいっぱいありますけど、訳文と照らし合わせて問いを考えていくうちに、ぼやけてたものがはっきり見えてきた気がします。
緑川　むずかしいですー。でも、ときどき自分の考えてたことがあたってると、楽しいですー。
黒田　翻訳《ほんやく》するのは思ってたよりむずかしかった。でも、細かいところを考えていくうちに、『二十年後』の話のおもしろさがわかってきた。
白井　英語があまり得意じゃなかったけど、英語との距離《きょり》が縮まった気がします。
越前　もうやめたいと言いだす人がいなくて、ほっとしたよ。いろんな**新しいことを知る喜び**をぜひ体験してもらいたいから、わからないことが少しあっても、がんばってついてきてもらいたい。

「第2回翻訳にチャレンジ!」解説

city と town のちがいは?

越前 文が三つあるから、それぞれの訳文を全員に言ってもらおうか。第一文は、Tokyo is the most populous and vibrant city in Japan. だ。

赤城 「東京はたくさんの人がいて、活気に満ちた日本の町です」。

青山 「東京は日本でいちばん人気があって明るい町です」。

緑川 「東京は日本で最も人口が多く活気がある都市です」。

黒田 「東京はとても人が多くて日本で活気に満ちた街だ」。

白井 「東京は人口が多くにぎやかな都市で、日本にある」。

越前 ありがとう。いちばん正確なのは緑川さんだな。

緑川 わーい。

越前 まず、前回やった**最上級の形だから、「いちばん」や「最も」ということばがほしい。**はいっているのは青山さんと緑川さんだけだ。ここは「日本一」ということだね。

つぎに、the most populous and vibrant city という形を見て、前の二回で何度か説明したとおり、**and で何と何が並んでいるか**をしっかり考えよう。populous は「人が多い」、vibrant は「活気に満ちた」で、どちらも形容詞だから、このふたつは対等に並ぶことばだ。

そして、冠詞《かんし》の the は名詞の前につくことばだけど、the のあとではじめて出てくる名詞は city だから、the から city までがひとまとまりなんだ。つまり、ここでは「最も人が多い」と「最も活気に満ちた」のふたつが city にかかっている。両方の点で日本一だということだね。

黒田くんの訳は、「とても」では最上級の訳としては不十分で、しかも「日本で」が「活気に満ちた」だけにかかっている。

赤城さんと白井くんは、対称《たいしょう》にはなっているけど、最上級の意味合いが抜《ぬ》けている。「いちばん」や「最も」を入れたら、「日本で」はその前に来るのが自然だ。

青山さんは最上級は訳せているけど、ふたつの形容詞の意味がちょっとずれている。「人気がある」という意味なのは populous じゃなくて popular だし、「明るい町」というのも意味がはっきりしない。ほかの人たちの「活気に満ちた」「活気がある」「にぎやかな」はどれもぴったりだ。

話は少しそれるけど、populous や popular のもとになっている名詞はなんだかわかるかな？　みんなが知っていることばで、p ではじまる。

白井　people ですか？

越前　正解。populous（人が多い）も popular（人気がある）も、people（人々）に関係があるよね。

最後に、細かいことを言うと、**city は町のなかでも比較的大きいものを指す**。town のほうが小さいんだ。日本語の「街」と「町」だと、「街」のほうが大きい感じがするから、どちらかと言うと「街」のほうがいいね。もちろん、「都市」でもＯＫだ。

ぼくの訳文は**「東京は日本でいちばん人が多く活気に満ちた都市です」**だ。緑川さんとほとんど同じだね。あ、文の終わりは「です」でも「だ」でもいいよ。

最上級のいろいろな訳し方

つぎに第二文。It boasts the tallest skyscrapers and the busiest train stations. また最上級がふたつはいっているね。こんどは青山さんから。

青山　「そこは超《ちょう》高層ビルと電車通りが激しい駅を誇《ほこ》っています」。

緑川　「東京のよいところは、いちばん高い高層ビルといちばん混雑している鉄道駅です」。

黒田　「東京が誇れるのは高い高層ビルたちと交通量が多い駅たちだ」。

白井　「そこにはとても高い摩天楼《まてんろう》があり、とてもにぎやかな駅がある」。

赤城　「東京にはとても高いビルや満員電車があります」。

越前　いろいろだね。順に見ていこうか。青山さんのは、主語・述語が「そこは〜誇っています」だ。boast は「誇る」という意味だから、それでいいね。**「超高層ビル」というのも、うまく最上級を表している**と思う。

ただ、「電車通りが激しい」というのがよくわからない。これは「人通りが多い」みたいな意味かな？

青山　はい。どう言ったらいいのか、よくわからなくて。

越前　「電車通り」とは言わないな。よく使うのは「電車の行き来」とか。

青山　あ、そうですね。

越前　あるいは、黒田くんのように、「交通量が多い」でもいいね。

つぎの緑川さんは、**「東京のよいところは〜です」**という形だ。これは「〜は〜を誇る」を自然な表現に言い換《か》えた形で、なかなか高度なテクニックだと思う。すごいね。

緑川　えへへ。

越前　ただ、ちょっと意地悪なことを言うと、「いちばん高い高層ビル」はいいとして、「混雑している鉄道駅」は東京のよいところだろうか？

緑川　やばっ！（笑）

越前　これは微妙なニュアンスの問題だけど、「混雑している鉄道駅を誇る」ならぎりぎりＯＫという気がする。でも、「よいところ」とはっきり言われちゃうと、それは言いすぎじゃないかと突《つ》っこみたくなってしまう。たとえば、白井くんのように busy の訳を「にぎやかな」にすれば、「よいところ」でも違和《いわ》感はなくなるね。

緑川　やっぱりむずかしいー、翻訳って。

越前　いや、でも、it boasts を「～のよいところは～」と言い換えられるセンスはすばらしいよ。

　つぎの黒田くん。「東京は～を誇る」を「東京が誇れるのは～」にして、ふたつのものをあとに持ってくるというのも、なかなかいいね。一文目と同じで最上級が抜けているのはマイナス要素だけど、おもしろいのは「ビルたち」「駅たち」というふうに「たち」をつけていることだ。これは黒田くんだけがやっている。

黒田　だって、複数形だから。

ってね。

越前　そのとおりだ。ほかの人の訳文、たとえば緑川さんの訳だと、ビルも駅もひとつだけを指していると読まれてしまうかもしれない。麻布台ヒルズと新宿駅だけのことだってね。

緑川　でも、**人じゃないものに「たち」をつけるのって、なんか変。**

越前　そうだね。だから、たとえば「いくつかの」をつける手もあるけど、それでもぎこちないかもな。そもそも、「最も」や「いちばん」がついているのにふたつ以上のものがあるというのも、よく考えるとちょっと変なんだ。青山さんの「超高層ビル」なんかは、そこをうまく切り抜けた言い方だと思う。**「最上位グループ」**みたいな意味だからね。同じように、青山さんの後半を「きわめて激しい」などにすると、英文の言っている意味にだいぶ近づくんじゃないかな。

複数形を自然に表現する方法はほかにもあるんだ。最後にぼくの訳文を言うときにまた説明しよう。

つぎに白井くん。ここまでの三人とちがって、**「そこには〜がある」**という形で訳している。これはなんとなく思いついたの？

白井　辞書で boast を引いたら、「誇る」とか「自慢《じまん》する」とかのあとに「〜を持つ」と出てたんです。「東京は〜を持つ」というのは「東京には〜がある」と同じだと思ったんで、こうしました。

越前　すごい。つぎの赤城さんも同じ形だけど、同じように考えたのかな?

赤城　はい。あと、同じ辞書に載ってた例文の訳が「〜には〜がある」になってました。

越前　なるほど。これは前回の第6問でやった、**人間以外が主語の文を人間が主語の文に変える方法**の応用とも言えるね。この文の場合は、人は出てこないけど、**東京ではなくビルや駅を中心に考える**こともできるということだ。もちろん、「東京は〜を誇る」という文も不自然と言うほどじゃないけど、両方の言い方ができると表現の幅《はば》が広くなる。

白井くんの訳文にもどると、「摩天楼」というのがあるけど、これは高層ビルと同じ意味だからこれでもいい。実はskyscraperは「sky（空）をscrape（削《けず》る、えぐる）するもの」ということで、高層ビルが空高くそびえるさまを表しているんだ。（一同、うなずく）「摩天楼」の「摩」は「こする、磨《みが》く」という意味で、「楼」は高い建物のことだ。いつの時代かわからないけど、これは**skyscraper の訳語として作り出されたことば**なんだよ。味わいがあるから、ぼくはこのことばが好きだ。

さて、最後の赤城さんのは、全体の作りはいいとして、後半の「満員電車」がどうかな。

って**い**ないからね。

赤城　駅が混んでるから電車も混んでると思ったんです。

越前　それはちょっと飛躍《ひやく》しすぎかな。英文はあくまで駅の話で、電車のことまでは言っていないからね。

短い文だけど、いろいろと大事な問題が含《ふく》まれていたね。ぼくの訳文は**「そこにはどこよりも高いビルやにぎやかな駅がひしめいています」**だ。「どこよりも〜」という言い方が、「いちばん〜」や「最も〜」と事実上同じだというのはわかるね？　最上級を表すとき、こういう言い方もできるんだ。

「高層ビル」としなかったのは、「高い高層ビル」というふうに「高」の字がふたつつづくのはかっこ悪いと思ったからだ。この場合、「どこよりも高いビル」と言えば「高層ビル」のことだとわかるからね。

そして、さっき言いかけたけど、複数形の問題。ぼくは述語の部分を「ひしめいています」にした。**「ひしめく」は「せまいところにたくさんのものがある」という意味だから、ビルや駅に「たち」をつけたりしなくても、たくさんのものがあるとわかる**んだ。

複数形を表す動詞としては、ほかに「集まる」や「並ぶ」なんかもある。名詞に直接何かをつけるだけでなく、ほかの個所《かしょ》を工夫して**文全体で複数を表現する方法もある**んだ。ほかにもいろいろやり方があるから、考えてみるといいよ。

「～に訪れる」か「～を訪れる」か

では、第三文。Many foreign tourists visit Tokyo every day. これは前のふたつより簡単だね。こんどは緑川さんから。

緑川　「毎日、おおぜいの外国人が東京に訪れます」。

黒田　「東京には毎日多くの外国人観光客が訪れる」。

白井　「毎日、たくさんの外国人旅行者が東京に来ています」。

赤城　「毎日、東京を訪れる外国人観光客が多くいます」。

青山　「東京に毎日多くの外国人が観光目的で訪れています」。

越前　うん、全員、いいよ。many は「おおぜい」でも「多くの」でも「たくさんの」でもいい。赤城さんのように、「～が多くいる」という訳し方もできるね。ここも複数形なんだけど、そういうことばがいっしょに使われていれば、「たち」をつける必要はないね。もちろん、つけてもまちがいじゃないけど、わざわざつけないほうが簡潔でいい。

tourists は「観光客」でも「旅行者」でもいいし、「訪れる」があれば緑川さんのようにただの「外国人」でも問題ない。おもしろいのは青山さんの「観光目的で」で、こういうふうにずらす訳し方もあると思うし、何かに応用できそうだね。

最後に……これはどうなのかなあ……ぼくは「訪れる」の前には「を」をつけるんだけど、そうしているのは赤城さんだけだ。白井くんは動詞が「来る」だからここでは関係ないとして、ほかの三人は「～に訪れる」としている。場所を表す場合、もともと正しいのは「～を訪れる」なんだけど、最近「～に訪れる」と言う人がすごく増えている気がする。**ことばはつねに変化している**ものだから、まちがいだと断定するのは避《さ》けるべきなんだけど、「～に訪れる」を変だと感じる人は多い、ということは知っておいたほうがいいね。

ぼくの訳文は**「毎日、たくさんの外国人旅行者が東京を訪れます」**だ。みんな、確実に進歩しているよ。

●先生の訳例

東京は日本でいちばん人が多く活気に満ちた都市です。そこにはどこよりも高いビルやにぎやかな駅がひしめいています。毎日、たくさんの外国人旅行者が東京を訪れます。

虹橋《にじはし》センパイからひとこと

最上級と複数形の訳し方、みんないろいろ工夫してたけど、やっぱり先生の「どこよりも」や「ひしめく」はすごかったなあ。意味を正確に、しかもくどくど言わずに伝えるって、こういうことなんだね。

あと、tourrist の訳もいろんなのがあって、おもしろかった。一、二文字ちがうだけで意味がかなり変わることってあるよね。

『二十年後』授業

watch は腕《うで》時計じゃない？

第３週　学習範囲《はんい》
英文　45行目から　82行目まで
訳文　31行目から　57行目まで

（虹橋さんの英文音読、生徒全員の日本語音読が終わる）

越前 みんなが音読で引っかかっていたのは、39行目「瀟洒《しょうしゃ》」、44行目「海千山千《うみせんやません》」、45行目「剃刀《かみそり》」、54行目「襟《えり》」だ。意味がわからないことばはあったかな？

青山 「瀟洒」って、読めないし、意味もわかりません。

緑川 ぜったい書けないし（笑）。

越前 「しゃれた」ってことだね。英文だと56行目のhandsome。

黒田 ええっ？ handsomeと書いて「ハンサム」って読むんだ！

越前 そう。人間以外にも使えることばだ。dを読まないんだね。そんなふうに子音を読まない例は、きみたちもいくつか知っていると思うよ。oftenやlistenのtとか。あ、そう、さっきの「翻訳にチャレンジ！」にもあった。

赤城 あっ、foreign（フォーリン）ですか。

越前 そう。

黒田 おれ、「フォレイグン」って読んでた（笑）。

越前 ぼくだって、最初に見たときはそうだったよ。ほかにわからないことばは？

白井 「海千山千」って、なんかの漫画《まんが》で見たことがあるけど、意味はよくわかりません。

格闘のシーンで出てきた気がします。

青山　ずる賢《がしこ》いってことじゃない？

越前　そうだね。経験豊富でちょっとずる賢いということだ。「海千山千のベテラン」とか。海に千年、山に千年いた大蛇《だいじゃ》が竜《りゅう》に変身したという伝説がもとになっているらしい。

一同　へええ。

越前　そういえば、39行目の「懐中《かいちゅう》時計」の意味はわかっているかな？（三人がうなずく）

赤城　昔の外国の映画かドラマで、男の人が胸のポケットから出して見てました。

越前　そう、それ。英文にはwatchとしか書いてないから、腕時計とまちがえやすい。ここでは、pulled out（取り出した）とあるから懐中時計だ。それに、この作品は一九〇五年ぐらいに書かれたんだけど、当時はまだ腕時計がほとんど使われていなかったんだ。オー・ヘンリーのほかの作品でも、よく懐中時計が出てくるよ。

虹橋センパイからひとこと

懐中時計はシャーロック・ホームズのどれかの作品でも出てきた覚えがあるよ。

あのシリーズも舞台《ぶたい》は一九世紀の終わりだから、そういう時代なんじゃないかな。

視点人物が変わる

越前　さて、今回は作品全体の真ん中あたりを読むわけだ。内容としては、警官と西部から来た男、ふたりのやりとりがあって、きょうの学習範囲の終わりのところで警官が去っていく。前回、視点人物の話をしたけど、**きょうの範囲まで警官が視点人物で、次回の範囲ではこの場に残った西部から来た男が視点人物**になる。

この作品の読者は、その男がジミー・ウェルズに会えるのかどうかに興味を持ってこの先を読むんだけど、次回の範囲で話がまったく意外な展開をしていく。話の落ちというか、どんでん返しがあって、真実が明らかになるんだけど、実は今回の範囲をよく読むと、**真実を知る手がかりが文章のなかにさりげなくいくつも書きこまれている**んだ。「**伏線**《ふくせん》」ということばを使うこともあるね。そんなことに注意しながら、問いをひとつひとつ考えていこう。

第1問

英文52～53行目の for he always was the truest, stanchest old chap in the world の訳文は36行目の「いつだってだれよりも信用できる、義理堅《がた》いやつでしたから」です。この最初の for の品詞はなんでしょうか。辞書で調べてください。

越前　きょうはこの第1問だけが英文法の問題で、あとはあまり英語の話はしないよ。

この for の品詞は何か。

まず、for のあとに書いてあることをざっと見てみよう。

he のあとの always（いつも）はみんな知っているね。これは

She always wears nice dresses.（彼女《かのじょ》はいつもすてきなドレスを着ている）

She is always sleepy after school.（彼女はいつも放課後は眠《ねむ》い）

のように、**ふつうの動詞の前、be 動詞のあと**に置かれるのが原則だけど、今回の文の he always is のように be 動詞の前に置かれる場合もあるんだ。ただし、自分で書くときは be 動詞のあとに入れるほうがいい。

そのあとの the truest, stanchest はまた最上級だね。true は「ほんとうの」という意味になることが多いけど、ここでは「忠実な」。stanch は staunch という綴《つづ》りになることが多い単語で、意味は「信用できる」。どっちも同じような意味だ。

つぎの chap は前回の第7問にも出てきたね。「男」とか「やつ」とか、そんな意味のことばだ。

だから、for のあとの意味はじゅうぶんわかるはずだ。

さて、それじゃ、for の品詞はなんだろうか。調べたかな、赤城さん。

赤城 はい。接続詞です。

越前 正解。for は、ふつうは何詞かな?

赤城 前置詞です。

越前 そうだね。第1週で扱《あつか》った英文にも for spectators are few というのが出てきて、そこにもちょっと説明をつけたんだ。

『新英和中辞典』で for を調べると、前置詞として二十以上の用法がずらっと並んでいて、そのあとに接続詞の用法がある。そこには、「[前文の付加的説明・理由として]という訳は…だから」とあって、「文語的で会話中では用いない」とつづく。「文語的」の「文語」って、どういう意味かわかるかな、こんどは青山さん。

青山　ふだんしゃべるときじゃなくて、文章を書くときに使うことばです。
越前　完璧《かんぺき》な説明だ。じゃあ、ふだんしゃべるときのことばは何？
青山　口語。
越前　そう。文語は古いことば、口語はいま使うことば、というふうに受け止めていても、だいたい同じだけどね。
　だから、こういうforは、とりあえずきみたちが自分でしゃべったり書いたりするときは使わなくてもいいかもしれない。
　ふつう、「〜だから」とか、理由を表すときはどんな単語を使うかな？
一同　because。
越前　そうだ。きみたちが使っている教科書だと、becauseが出てくるのは中二の後半なので、知らないかと思ったんだけど、よく使うことばだから、たぶんもうどこかで目にしているんだね。
（一同、うなずく）
越前　ふだんはbecauseを使えばいいんだけど、せっかく接続詞のforが出てきたんだから、少しくわしく説明しよう。
　このforにはふたつ特徴《とくちょう》がある。ひとつは、理由のなかでも「判断の根拠《こんきょ》」を表す場合が多いんだ。たとえば、It's morning, for birds are singing.（朝だ。鳥が鳴いているから）みたいな感じで使う。この場合、ある人がたとえばベッドのなかにいて、カーテンが閉まっているから外が見えないいんだけど、鳥の鳴き声が聞こえるから、もう朝だと判断しているんだ。

きょうの for he always was the truest, stanchest old chap in the world の場合も、その前に書いてあるのは I know Jimmy will meet me here if he's alive（生きてさえいりゃあ、ジミーのやつはかならず来ますよ）だから、「かならず来る」と判断した根拠が for 以下の内容（信用できる、義理堅いやつでしたから）なんだ。

for の特徴その二。まず、because を使う場合、つぎの二通りの言い方がある。

○ I stayed home because I was sick.
○ Because I was sick, I stayed home.

意味はどちらも同じで、「病気だったので、わたしは家にずっといた」だ。**because ではじまる固まりは、前に来てもあとに来てもいい。**

でも、**for の場合は、前にまわることはなくて、後ろにつくだけだ。**

○ It's morning, for birds are singing.
× For birds are singing, it's morning.

さっき辞書の記述のなかに［前文の付加的説明・理由として］とあったけど、［前文の付加的説明］というのは、後ろについて説明することしかできないということなんだ。because と for の使い方のちがいは以上だ。まあ、実はこのちがいは大学受験生でもわかっていない人が多いくらいだから、中二ではむずかしいかもしれないけど、理解できない内容ではないし、今回きみたちは熱心に取り組んでくれているから、わかるんじゃないかな。覚えておくといいよ。
もう一度言うけど、自分で使うときは because を選ぶのが安全だ。

虹橋センパイからひとこと

いまのわたしにとって、すごくよくわかる説明だったけど、みんなにはちょっとむずかしかったかな？　でも、こんなふうにひとつひとつの単語についてていねいに考える訓練は、あとで役に立つよ、ぜったい。

マイルかキロか、ドルか円か

第2問
英文53行目のa thousand milesは、訳文37行目では「千五百キロ」になっています。「千マイル」と訳すこともできますが、どちらがいいと思いますか。また、正確には一マイルは約一・六キロなので、「約千六百キロ」と訳すこともできますが、「千五百キロ」にしたのはなぜだと思いますか。

越前 ふたつ質問があって、まず前のほうから。つまり、キロで言うのとマイルで言うのと、どっちがいいと思うか。みんなに手をあげてもらおうか。比べてみて、キロのほうがいいと思う人は？

（全員、手をあげる）

越前 なるほど。どうしてかな？

白井 キロのほうがイメージしやすいです。なじみがあるっていうか。

赤城 キロのほうがわかりやすいです。

緑川　マイルは聞き慣れないし、急に言われてもどのくらいの長さかよくわかんない。
黒田　そうだな、あと、ぼくの偏見《へんけん》だけど……。
越前　偏見、どんどん言って。聞きたい。
黒田　（笑）なんか、マイルは飛行機を想像してしまう。お金のイメージ。
越前　お金？　ああ、マイレージのことかな。マイレージを貯めるとか。
黒田　ああ、はい。
青山　わたしもキロのほうがわかりやすくて好きですけど、マイルのほうはアメリカ風というか、その土地らしさが感じられる気もします。
越前　みんな、ありがとう。たしかに、**キロのほうが親しみやすくてわかりやすい**ね。そもそも、一マイルが一・六キロぐらいだってことを前から知っていた人はどのくらいいる？
（だれも手をあげない）
越前　そうか。なら、みんな、キロのほうを選ぶのは当然だろうな。
ただ、青山さんが最後に言ってくれたように、**外国の単位をそのまま使うことによって、外国らしさが伝わる**という側面もあるんだ。ちょっとわかりにくいけど、そのほうが大事だという考え方もある。アメリカの話だからアメリカの単位を使うのが自然だということだね。

実は、外国の小説の翻訳では、いまから二十年ぐらい前までだろうか、**二十世紀いっぱいぐらいまでは、こういうときにマイルのまま訳すのがふつうだった**んだ。**いまはキロにする人のほうが多い**けどね。

あるいは、作品によって方針を変える場合もある。ぼく自身もそうなんだけど、ふつうの作品ではキロにする一方で、海外の本に慣れている人が読むような作品ではマイルのままにするとかね。

これはマイルとキロだけの話じゃない。ほかに、日本で使われている単位と、イギリスやアメリカで使われている単位がちがうケースがいくつかあるんだけど、何か知っているかな?

青山 フィート。

越前 そうだね。一フィートはどのくらいかな?

青山 たしか三十センチぐらい。

越前 そうだ。

黒田 足の大きさから来てるんじゃなかったっけ。

越前 そのとおり。英語では足のことを foot というけど、feet は foot の複数形なんだ。

ｓがつかない特殊《とくしゅ》な形だ。ほかには？

白井　ポンド。重さの単位です。ポンドステーキを食べたことがあって。

越前　それはすごいな。ふつうは半ポンドだから。一ポンドはどのくらいかな？

白井　四百グラム？

越前　惜《お》しい、四百五十グラムぐらいだ。ひとりでそれだけのステーキを食べるのはすごいよ。

緑川　あのお……ドルもですか？

越前　そう、お金の単位も入れていいんだ。

黒田　ユーロとか。

白井　ウォンとか。

越前　そこで聞きたいんだけど、フィートやポンドについては、マイルと同じで、みんなはわかりにくいと感じるんじゃないかな。だから、センチやグラムに変えてあったほうが読みやすい。じゃあ、ドルはどうだろう？　円に変えてあったほうがいいと思うかな？

（一同、考えこむ）

越前　たしかに迷うところだ。

赤城　なんか、円にしてあると、お札に日本の人が描《か》いてあるような感じで、おかしいと思います。
緑川　あたしはそれもおもしろいと思うな。
白井　いや、変だよ。
青山　わたしも変だと思う。
黒田　ぼくはどっちでもいいかな。
越前　ドルのままのほうが優勢かな。ひとつの理由としては、**一ドルは何円ぐらいなのか、だいたい知っている**ということがあるだろうね。あとは、お札の肖像《しょうぞう》みたいに、**実際に絵が目に浮《う》かぶ場合はもとのままのほうがイメージを損なわない**というのもある。
つまり、場合によりけりなんだね、こういうのは。
これは単位の問題だけじゃなくて、いろいろなことについて言えるんだけど、翻訳をする場合にはふたつの側面がある。**日本の読者に海外の文化を知ってもらうために、いろんなものをなるべくそのまま残したほうがいい**という考え方と、**日本の読者が理解しやすいように適宜《てきぎ》変えていくほうがいい**という考え方だ。どちらかだけが正しいということではなく、その場その場で選ぶべきなんだよ。**翻訳はただことばを置き換えていくことではなく、異なった文化のあいだの橋渡《わた》しをすること**だから、こういう問題が出てくるんだ。

さて、後半にもうひとつ質問がある。正確には千マイルは千六百キロぐらいなのに、訳文では千五百キロとしたんだけど、なぜそうしたのかということだ。白井くん。

白井　う〜ん……パス。

越前　はい、黒田くん。

黒田　う〜ん……

越前　理由を答えるのがむずかしかったら、自分ならどちらを選ぶかでもいいよ。

黒田　千五百。

越前　なぜ？

黒田　読みやすいから。

越前　もう少しくわしく言えるかな？

黒田　う〜ん……きりがいいから。

越前　**きりがいい**。そう、それが大事なんだ。

つまり、もともと a thousand miles（千マイル）というのはきりがいい数だった。こういう場合、千マイルと言ったからといって、ほんとうにぴったり千だと言いたいわけじゃないよね。ぴったりじゃなかったとしても、ふつうの会話ではわざわざ「約」や「およそ」や「ぐらい」をつけないのがふつうだ。

だから、それをキロに換算《かんさん》して、正確には千六百キロだったとしても（もっと正確に言うと千六百九キロぐらい）、日本語で中途半端《ちゅうとはんぱ》な数にしてしまったら、会話が不自然になって、もともとのきりがいいニュアンスというか、**本来伝えたかったことがかえって伝わらなくなってしまう**んだ。

こういうことも、翻訳をしているとよく起こる問題なんだよ。

虹橋センパイからひとこと

わたしもセンチやキロで書いてあるほうが好きだけど、シェイクスピアの『ベニスの商人』という戯曲《ぎきょく》で「胸の肉をぴったり一ポンド切りとれ」って話になって、あれなんかは「約四百五十グラム」じゃ変だよね。

単位の問題が「文化の橋渡し」につながるって、とっても深い問題だと思うな。

細かい人間観察

第3問
前回の英文6行目から44行目（訳文5行目から30行目）や、今回の英文45行目から82行目（訳文31行目から57行目）などから、この男（西部から来た男）はどんな人だと思いますか。前回と今回の全体でこの男が話したことばのなかにもヒントがあるかもしれません。

越前　さて、西部から来た男はどんな人間だと感じられるだろうか。答はもちろんひとつじゃない。赤城さんから。

赤城　まず、**金持ちで派手好きな人**。あと、友達が大好きなんだなあって思いました。

越前　なるほど。金持ちで派手好きというのは、どういうところから感じたかな？

赤城　ネクタイピンにダイヤモンドがはまってるところや、懐中時計にもダイヤモンドがちりばめられているところです。

越前　たしかに。緑川さんは？

緑川　ダイヤモンドが好きなんだなあ、って。
（一同、笑）
越前　そのとおりだ。二回も出てくるし。
黒田　葉巻も好きなんじゃない？
白井　葉巻は一本だぞ（笑）。
越前　まあ、そうなんだけど、葉巻というのはふつうの煙草《たばこ》より高級品だから、これも金持ちらしさが表れているね。
赤城　あ、ひとつ言い忘れました。**うっかり者**というか、不注意な感じもします。
越前　へえ。どうして？
赤城　葉巻の火をつけたせいで正体がばれてしまうから。
越前　そうか、おとなしく何もせずにいたら、相手にはっきり顔を見られなかったってことだね。青山さんはどう？
青山　口調が怪《あや》しいというか、**うさんくさい**感じです。
越前　たとえば、どのことばかな？
青山　34行目の「途絶《とだ》えちまいました」の「〜ちまいました」とか。あとは50行目の「まさか！」というのも、なんだか大げさです。この人、警官とは初対面だと思ってるはずなのに、ずいぶん軽いやつ。（一同、笑）**なれなれしいお調子者**みたい。

越前　いいね、ぴったりのことばがつぎつぎ出てくる。実は「～ちまいました」というのはぼくが翻訳でそういうことばを選んだだけで、もとの英語にはそんなふうに書いてあったわけじゃないけど、ぼくがそう翻訳したのは、英文を読んで青山さんと同じように感じたからなんだ。それが**日本語の表現の端々《はしばし》に、半ば無意識のうちに現れる**んだよ。

次回の範囲になるけど、この男は「口八丁のボブ」という愛称で呼ばれていたことがわかる。口八丁というのは、口がうまいとか、口先ばかりの軽いやつとか、まさにいま青山さんが言ってくれたような人間を言い表すことばだね。では白井くん。

白井　顔に傷跡《きずあと》があって、**なんだかこわい感じ**がします。それと、ネクタイピンにダイヤモンドが妙《みょう》な恰好《かっこう》ではまってるというのは、おしゃれな服を着慣れてないいんじゃないかと。

越前　金持ちではあるんだよね？

白井　金持ちだけど怪しいというか……ほんとうの金持ちじゃないというか……

越前　そういう人のことをなんと言うだろう？

赤城　**成金！**

越前　すごい、ぴったりだ。ぼくの授業用メモにも「成金」と書いてある。（一同、笑）そう、ずっと前から金持ちだった人は、余裕《よゆう》があるから、こんなふうにいろいろ見せびらかしたりしないんだ。これから友達に久しぶりに会おうとしているときに葉巻に火をつけたのも、**自分が羽振《はぶ》りがいいことを見せびらかしたい**からにちがいない。

黒田くん、ほかにもあるかな？

黒田　白井くんが言ったことのほかに、19行目の「目が鋭《するど》く」というところも、やくざっぽい。犯罪のにおいがぷんぷんする。

（一同、笑）

越前　そうだね。お金を稼《かせ》いだというけど、ろくな方法で稼いだんじゃない気がする。

みんな、たくさんのことを言ってくれた。もうひとつ、いまだれも指摘《してき》しなかったことでは、訳文の43行目から46行目の会話部分から、**自信過剰《かじょう》でちょっといばっている**感じがするんじゃないかな。自慢話が好きな男だ。

そして、いまみんなが言ってくれたことは全部正しいんだけど、その一方で、最初に赤城さんが言ったように、**友達が大好き**だというのもまちがいない。欠点だらけの男だけれど、そこだけは純粋《じゅんすい》できれいな心だと言っていい。

そして、その全部が、次回の結末へしっかりつながっていく。だから、**深く読めば読むほど、この作品はおもしろくなる**んだ。

虹橋センパイからひとこと

すごいね、みんな！　こんなにたくさん意見が出るなんて！　西部から来た男本人も、こんなに細かく分析《ぶんせき》してもらってうれしいと思うよ！

ひとつひとつのことばに深い意味がある？

第４問
英文69行目（訳文48行目から49行目）で、警官はなぜ Going to call time on him sharp?（十時きっかりまでしか待ってやらないのかい）と尋《たず》ねたのでしょうか。

越前　去る少し前に警官が「十時きっかりまで待ってやらないのか」と尋ねた理由だね。緑川さんから。

緑川　約束を思い出し、十時まであと三分しかないので、あわてて待ってくれるかを知りたかったんだと思います。だから、待ってくれるかを知りたかった。

黒田　相手が自分をどのくらい信用してくれるかと迷ってたから。
赤城　同僚《どうりょう》を呼び出す余裕がどのくらいあるかを知りたかったからです。
青山　赤城さんと同じです。
白井　ぼくも賛成。
越前　なるほど。みんな、この警官の正体を知ったうえでそう考えたんだろうけど、答え方としては赤城さんのものがいちばん的確だな。あわてていたとか、自分をどれだけ信用してくれているかということもあるけど、何よりここは、**相手を逮捕《たいほ》しなくてはいけないので、そのための時間的余裕を知りたかった**んだ。くわしくは次回ふれるけど、自分のかわりに同僚をここへ送りこむわけだからね。

　ただ、はじめてこの個所を読んだ読者は、たぶんそんなふうには考えずに、さらっと読み流してしまうだろう。作者としては、簡単に真相に気づかせたくないけど、一方で、二度目にここを読んだ読者が「そうか、ちゃんとここに書いてあったじゃないか」と気づく程度に、**さりげなく証拠《しょうこ》を残す**わけだ。くわしすぎてもいけないし、あいまいすぎてもいけない。ここは作者が絶妙の表現を使っていると思うよ。オー・ヘンリーのうまいところだ。

　そして気になるのは、相手が昔の仲間であることに警官がいつ気づいたかということだ。それは次回いっしょに考えることにしよう。

第5問
英文73行目（訳文52行目）で、Good-night, sirは訳文では「では、失敬」になっていますが（sirは相手にていねいに呼びかけるときにつけることば）。なぜ「おやすみなさい」にしなかったと思いますか。また、「では、失敬」のほかに、ここはどんなふうに訳せるでしょうか。

越前　Good-nightをなぜ「おやすみなさい」にしなかったのか、「では、失敬」のほかにどんな訳し方があるか。これも難問だ。青山さんから。

青山　警官としては、このあと相手を逮捕することになって、ほんとうにお別れになるんだから、しっかり別れを告げたかったんだと思います。

白井　「失敬」のほうがていねいな感じがします。いかにも警官っぽい。

黒田　このあと、結局相手を牢屋《ろうや》だかどこかに入れて、また会うことになるんだから、「おやすみなさい」では変。

赤城　パスします。

緑川　黒田くんの答に近いですけど、このあとたぶんまた顔を合わせることになるから。

越前　ありがとう。まず、「おやすみなさい」にぼくがしなかったのは、単純な理由だ。**まだふたりとも寝《ね》るわけじゃない**から。

赤城、青山、緑川　えーっ！

白井、黒田　そんなあ（笑）。

越前　でも、そうじゃないか。西部から来た男は、これから昔の友達に会おうとしている。一方、警官のほうは、相手を逮捕するための準備をしなきゃいけない。のんきに「おやすみなさい」なんて言う雰囲気《ふんいき》じゃないよね。

（一同、笑）

越前　じゃあ、「失敬」にした理由は何かというと、それはやっぱり警官っぽいからだね。「失礼」でもいいけど、「失敬」のほうがより**堅苦《かたくる》しくて警官らしい**。しっかり別れを告げたい、というのはちょっと考えすぎかもしれないな。

「さようなら」も悪くないけど、意外にみんな、ふだん「さようなら」と言わないんじゃないかな。ふつうは「じゃあ、また」なんて言うけど、このふたりは（実際にはちがうけど）初対面で通りすがりということになっているから、「じゃあ、また」も変だ。

実は、翻訳したものが本になったあとで、もっといいのがあると気づいたんだ。これ、そのまま訳せばいいんだよ。Good-night. をそのまま日本語にするとどうなる？

一同　「おやすみなさい」。

越前　いや、そうじゃなくて、ほんとうにそのまま、Good と night を訳して。

一同　……よい夜……「よい夜を」……そうか！

越前　ここにぴったりだろう？

（一同、うなずく）

白井　でも、それって皮肉じゃないですか。

越前　皮肉？

白井　だって、**ほんとうは悪い夜になる**んだから。

青山　なるほど！

緑川　逮捕されちゃうんだものね。かわいそう。

越前　おー、おもしろいな。警官の複雑な気持ちが表れているとも言えるね。ほんとうはお互《たが》いにとってよい夜にしたいけど、実際にはそうはいかないわけだから。もとの英語でそこまで伝えようとしたかどうかはわからないけど、日本語で**「よい夜を」**にすれば、そういう深い意味がある挨拶《あいさつ》になるね。

虹橋センパイからひとこと
翻訳のおもしろさって、同じことばを場面場面でちがうふうに訳すところだよね。挨拶のことばはふつうは決まり文句だけど、分解して考えたほうがよい訳になるなんて！

タメ口で話すか、ていねいに話すか

第6問
今回までの全体で、ふたりの男（警官と、友達を待つ男）の話し方はどんなふうにしたらいいと思いますか。訳文では、警官がふつうの話し方、友達を待つ男がていねいな話し方になっていますが、ほかの訳し方もできます。自分の考えを言ってください。

越前　ふたりのしゃべり方を、ぼくは警官をタメ口っぽいふつうの話し方、西部から来た男をていねいな話し方にして訳したんだけど、ほかの話し方にできるかもしれない。

理由も含めて考えよう。これは手をあげてもらう形にしようか。
まず、警官のほうをていねいに変えてもいいと思った人は？
（ふたり、手をあげる）
越前　なぜそう思ったかな？
赤城　やっぱり警官はまじめなはずだから、きちんと話すと思いました。
白井　ぼくは、もともと友達なんだから、タメ口だと相手に正体がばれてしまうんじゃないか、だからばれないようにていねいに話すんじゃないかと思いました。
越前　どちらもいい意見だ。ぼくもいまのふたりが言ってくれたことも考えて、迷った覚えがある。最終的には、**タメ口でもいばっているわけではない人物**にするのがいいと考えたんだけどね。もうひとつ、**両方ともていねいに話すと会話がのんびりしすぎる**と感じたというのもある。
じゃあ、こんどは西部から来た男のほうをタメ口にしたほうがいいと思った人は？
（別のふたり、手をあげる）
緑川　こいつ、チャラいから。（一同、笑）はじめて会った人にでもタメ口をききそうな軽いやつだと思います。
黒田　さっきも言ったけど、やくざっぽいやつだから。それに、たぶんこれまでに何度か捕《つか》まって、警官と話し慣れてると思ったんで。

越前　**警官慣れしている男**か（笑）。すごいよ、鋭い観察力だ。

じゃあ、ぼくがなぜこの男にていねいな口調でしゃべらせたかというと、この男は**警察から追われている身**だからなんだ。だから、できれば警官とは話したくないし、変ないざこざを起こしたくもない。そこで、チャラい性格はことばの端々に残しつつ、全体としてはていねいに話す人物にしてみた。

もちろん、これに絶対の正解はないし、いまみんなが言ってくれたことのひとつひとつに説得力があると思う。

翻訳というのはひとつの正解に決まらないことも多く、自由なところが楽しいんだ。ただ、自由と言っても、ただ気まぐれになんでもやっていいわけじゃなくて、**しっかりとした根拠が必要**だ。筋道立てて考えていく習慣は、翻訳以外のことをやるときにも、将来きっと役に立つ。

きょうはここまで。みんな、最初の日よりもリラックスして、いい意見がたくさん聞けてうれしいよ。つぎの「翻訳にチャレンジ！」はちょっと物語風だよ。じゃあ、みんな、暑さに負けないように！

一同　ありがとうございました。

虹橋センパイからひとこと

口調だけで登場人物の印象が大きく変わるんだから、翻訳家の人の責任って重いよね。でも、翻訳しながら読んでいくと、ただ日本語だけを読むよりもずっとこの作品がおもしろくなる！

第３週ポイントチェック

□最上級や複数を日本語で表現する方法はいろいろある。
□for のような簡単そうな単語にも、たくさんの意味や用法がある。
□外国の単位を日本語で表す場合、ふたつの考え方がある。
□細かい人間観察をすると、物語を読んでいて楽しい。
□翻訳にはひとつだけの正解があるわけではないが、なぜそう訳したかの根拠が大切。

第3回翻訳にチャレンジ！

Sally's husband's present for her was a large mouthwatering cake. She measured the cake with a ruler and exclaimed, "Wow! It's ten inches tall!" In front of the cake, she grinned and said, "Goodbye, diet."

解答欄《らん》

質問箱３

翻訳をしていてうれしいとき、苦しいとき……etc. を教えてください。

黒田　翻訳をやっていて、いちばん楽しいとき、いちばんつらいときはいつですか？

越前　訳した本がものすごく売れたときと、ぜんぜん売れなかったときかな（笑）。それは半分冗談《じょうだん》としても、何か月もかけて一作を訳すんだから、**多くの人が読んで、感想を教えてくれる**のがやっぱり何よりうれしい。自分の訳書の読書会なんかがあると、けっこう遠くへも出かけるよ。逆に、この本を読んでもらいたいと思う人たちになかなか届かないときは、すごくじれったいね。

翻訳の作業について言えば、作者の考えていることがよくわかったと感じるときはうれしいし、どうもつかめずにいるときは苦しい。何度か読みなおして、ようやく**作者の意図することがわかったとき**なんかは、気分爽快《そうかい》だ。今回の『二十年後』にしたって、次回にくわしく説明するように、作者が文中にいろいろな仕掛《しか》けを組みこんでいるから、それを注意深く読みとっていくのはとても楽しい一方で、**責任の重さも感じる**よ。

白井　虹橋センパイはイギリスに一年留学していたそうですが、日本とはどんなことがちがいましたか。

虹橋　これまで外国へは五、六回行ったことがあって、そのたびに感じ方が少しずつ変わっていくんだけど、もちろん日本とはちがうよね。

　最初は中学のころで、そのときはただ「あ、ハンバーガー大きい」とか、「部屋でかい」「え、バスタブない」「トイレめっちゃ詰《つ》まる」みたいなことにびっくりしただけ。でも、そのあと何度か海外へ行って、少し前に一年間イギリスで過ごしたんだけど、だんだん、**ちがいがあるのはあたりまえ**だと思うようになってきた。いまはむしろ、ここは日本人と似ているなというポイントのほうが目につくようになった気がする。**ちがいよりも共通する部分に興味が出てきた**のかもしれない。

　あともうひとつ、**この国の人はこういうものだと決めつけるような考え方はとても危ないというか、もったいない**と感じるようになったね。どの国にだって、すてきな人はいるし、自分に合わない人もいる。だから、**出身の国や地域なんかより、その人がどういう人間なのか**を見きわめるようになってきたと思うな。

第4週

ことばのニュアンスを読みとろう

WORLDLY WISDOM FOR 14 YEARS OLD

越前《えちぜん》　こんにちは。ずっと暑かったのに、きょうはまた、さっき突然《とつぜん》土砂《どしゃ》降りになって、そのあと晴れていたけど、なんだかまた暗くなってきて——（と言ったとたんに雷《かみなり》が鳴る）

一同　うわあ。

越前　帰りにやんでいるといいね。こんな不安定な天気でも、全員が出席してくれてうれしいよ。

「第3回翻訳《ほんやく》にチャレンジ！」解説

「彼《かれ》」と「彼女《かのじょ》」

越前　さて、みんなの実力が少しずつついてきたから、「翻訳にチャレンジ！」もちょっと長めだ。まず第一文の Sally's husband's present for her was a large mouthwatering cake. を考えよう。最初の husband は夫。mouthwatering ということばは知らなかっただろうけど、mouth と water の組み合わせで、なんとなく意味がわかるかも。順番に自分の訳を言ってくれるかな。

青山「サリーの夫は彼女に大きくておいしそうなケーキをプレゼントした」。
赤城《あかぎ》「サリーの夫の彼女へのプレゼントは、とてもおいしそうな大きいケーキだった」。
緑川「サリーの夫からのプレゼントはおいしそうな大きなケーキでした」。
黒田「サリーの夫が用意した妻へのプレゼントは大きなおいしそうなケーキだった」。
白井「サリーの夫から彼女のための贈《おく》り物《もの》は、大きいおいしそうなケーキだった」。
越前　みんなだいたい同じだけど、微妙《びみょう》なちがいがあるね。まず、for her の her の訳語は、三人が「彼女」で、緑川さんは特に訳さず、黒田くんは「妻」だ。緑川さんが訳さなかったのはどうして？
緑川　えー、だって、訳さなくてもわかると思ったんで。
越前　サリーのことだとわかるってこと？
緑川　はい。
越前　なるほど、ちょっと舌足らずな感じの文だから、ややわかりにくいかもね。黒田くんが「妻」としたのは？
黒田　先に「夫」と言ってるんだから、「彼女」より「妻」のほうが自然じゃないかと。
越前　なるほど。**he や she をいちいち全部「彼」「彼女」と訳すと、なんだかくどくて、かえってわかりにくくなる。**文の内容に合わせて、その場にふさわしいことばに置き換《か》えていく。文学作品の翻訳をしていくとき、この感覚はかなり大事だ。

実を言うと、今回の『二十年後』を訳すにあたって、ぼくは**「彼」も「彼女」も一回も使っていない**んだ。

一同　ええっ!?

越前　たしかめてもらってもいいよ。もちろん、ぜったいにゼロにしなきゃいけないとまでは言わないけど、やろうと思えばできる。

赤城　じゃあ、いまの個所《かしょ》の先生の訳はどうなってるんですか?

越前　「夫からサリーへのプレゼントは〜」にした。こうすれば、「夫」はサリーの夫のことだと考えていいからね。ただ、これだけが正解というわけじゃないし、学校のテストではとりあえず「サリーの夫は彼女に〜」にしておくほうがいいだろう。

青山　わたしの訳し方はどうですか?

越前　「プレゼントは〜だった」ではなく「〜をプレゼントした」という形に変えたことだね。自然な感じがするから、それもいいと思う。ただ、もとの形のまま「プレゼントは〜だった」と訳すほうが、プレゼントの中身がケーキだったという事実が、よりはっきり伝わるね。

先生がいちばん下品？

越前　後半については、mouthwateringの訳語がみんな「おいしそうな」だ。辞書には「うまそうな」と「よだれが出そうな」が載《の》っているんだけど、みんな、「よだれが出そうな」にしなかったのはなぜ？

緑川　なんか、いやだった（笑）。

黒田　汚《きたな》らしい。

青山　生々しい。

赤城　下品。

白井　ケーキがまずそう（笑）。

越前　みんな、言いたい放題だな。えーっと、実はぼくは「よだれの出そうなケーキ」と訳したんだけど、散々に言われちゃったよ。（一同、笑）

下品だとか汚らしいとか、みんなの言いたいことはとてもよくわかる。ただ、一方で、食べ物がおいしいと言いたいときに、英語にはniceとかdeliciousとか、いろんな形容詞があるのに、ここで**わざわざmouth（口）とwater（水が出る）を合わせたことば**

を使っていることにも注意してもらいたいんだ。

つまり、そもそも英語の mouthwatering が、下品かどうかはともかく、**かなり大げさな表現**なんだ。それこそ生々しい。そして、このあとの第二文、第三文でも、サリーは大喜びしている。それに合わせようと思ったら、ちょっとぐらい下品でも、英語そのままの「よだれが出そうな」をここは選んでもらいたいところだ。

というわけで、第一文のぼくの訳は**「夫からサリーへのプレゼントは、よだれの出そうな大きなケーキだった」**。

「そうだわ」「そうだぜ」

越前　第二文へ行こう。She measured the cake with a ruler and exclaimed, "Wow! It's ten inches tall!"　みんなの訳文は？

白井　「彼女は定規を使ってケーキを測定して、大声で言った。「わあ！　十インチの高さ！」と叫《さけ》んだ」。

赤城　「サリーは定規でケーキを測って「おお！　二十センチも高さがあるわ！」と叫んだ」。

黒田　「サリーは定規でケーキを測定して声高に言った。「わーい！　高さが二十五センチあるわ！」」。

緑川　「彼女はケーキを定規で測ってこう叫んだ。「うわー！　高さは十インチある！」」。

青山　「彼女は定規でケーキをはかり、「すごい！　これ、三十センチもある！」と叫んだ」。

越前　みんな、measure や ruler や exclaim をしっかり調べているね。**調べるのがもうあたりまえのことになっているのは、大きな進歩**だ。

最初の She は、「彼女は」でも「サリーは」でもいい。exclaim のところを〝「～」と叫んだ〟のようにするのも、〝～叫んだ。「～」〟のようにするのも、どっちでもいい。Wow! の訳語も、「おお！」だけはちょっと日本語っぽくないけど、どれも喜んでいる感じがじゅうぶん伝わると思うよ。

さて、訳し方が大きく割れたのが ten inches tall のところだ。

前回、マイルとキロのどちらを選ぶかということで、**わかりやすさをとるか、外国っぽさをとるか**という話をしたね。もうひとつ、**きりがいいかどうか**も大事なことだという話もした。

だから、インチでもセンチでも、どっちでもいいんだけど、センチに換算《かんさん》する場合は、もとがten inchesという、きりがいい数だから、直したあともきりがいい数にしたい。一インチは約二・五四センチだから、ここはその十倍で、二十五センチにするのがいちばんいいんじゃないかな。二十センチや三十センチでは、ちょっと離《はな》れすぎという気がする。

一方、インチのままにする場合、十インチの高さと言っても、日本語を話すほとんどの人にとって、どのくらいの高さかが伝わりにくい。正確なところはわからなくていいとしても、ここで大事なのは**すごく大きなケーキだと読者が感じる**ことだ。そこで、たとえば「高さが十インチもある」とすれば、読んだ人はずいぶん大きいんだろうと感じるはずだ。センチの場合は「高さが二十五センチある」でじゅうぶんだけど、もちろん、その場合も「も」を入れてかまわないよ。

越前　もうひとつ、細かいことだけど、サリーの発言の最後に赤城さんと黒田くんが「わ」をつけている。いかにも女の人らしい台詞《せりふ》だね。

黒田　そのほうが女の人が言ってるとわかりやすいと思って。

赤城　なんていうか、何も考えずにつけちゃいました。

越前　一方、緑川さんと青山さんは「わ」をつけずに「ある」で終えている。

緑川　「あるわ」なんて言わないし。
青山　不自然です。
越前　何十年も前ならともかく、いまは女の人が「わ」をつけてしゃべることはかなり珍《めず》しいね。逆に男の人が「だぜ」なんて言うこともあまりない。だから、**なるべく少なめにするほうがいいい**んだ。こういうことばは**「役割語」**と呼ばれることもある。
ただ、まったく使わないでいると、長い会話などでだれがしゃべっているのかがわかりにくくなることもあるから、そういう場合はある程度使ってもいいかもしれない。大事なのは、**何も考えずに機械的に「わ」や「だぜ」をつけるのはやめたほうがいい**ということだ。
そんなわけで、第二文のぼくの訳は**「サリーはそのケーキの寸法を定規で測り、「わあ！　高さが十インチもある！（二十五センチある！）」と叫んだ」**だ。単位はインチでもセンチでもいいよ。

にやりと笑うのはどんな人？

越前　最後はどうかな。In front of the cake, she grinned and said, "Goodbye, diet."

青山「ケーキを前にした彼女は、ニヤリと笑い、言った。「さらば、ダイエット」」。
黒田「サリーはケーキの前に立つと、笑顔で「さよなら、ダイエット」と言った」。
緑川「ケーキの前で彼女はにやけながら言った。「ダイエットはやめましょう」」。
赤城「ケーキを前に彼女はにっこり笑って「さよならダイエット！」と言った」。
白井「サリーはケーキの前に立って、にやりと笑って言った。「さよならダイエット」」。
越前　ありがとう。みんな、大きな流れはだいたいいいんだけど、気をつけるべきポイントがふたつある。

第一に、黒田くんと白井くんの訳にある「ケーキの前に立つ（立って）」という言い方。ここまでサリーが立っていたかすわっていたかは、この英語だけではわからないし、この文にしたって、立っていたと決めつけることはできない。こういうときは、ただ「ケーキの前で」などにしておくほうが安全で確実だ。**はっきりしないときに安全策を選ぶのも翻訳では大事なこと**なんだ。

もうひとつがgrinnedの訳語だ。大ざっぱに言うと、青山さん、緑川さん、白井くんのグループ（「ニヤリ」「にやけ」「にやり」）と、黒田くん、赤城さんのグループ（「笑顔」「にっこり」）に分かれるね。「にやり」と「にっこり」ではずいぶん印象がちがう。それぞれを選んだ理由は何かな？

白井　ぼくが「にやり」を選んだのは、辞書にそうあったし、ここでも**何か企《たくら》んでる感じ**がしたからです。そのあとに「さよならダイエット」と言って、一気にバクバク食いそうだし。（一同、笑）

緑川　うまい！

青山　だいたい同じ意見です。

赤城　わたしが「にっこり」にしたのは、この人の気持ちとしては、ダイエットをできなくてくやしいけど、その**くやしさを隠《かく》そうとして明るく笑ってる**んじゃないかと思ったからです。

黒田　演技してるってこと？　ぼくはそこまで考えなくて、ただうれしいからふつうに笑顔になったんだと思った。

越前　うん、みんな、**すごく深いところまで読んでいる**ね。びっくりだ。結論としてはどっちでもいいんだけど、その前にgrinという動詞について説明しよう。

grinは辞書には「にやりと笑う」と書いてあることが多いから、翻訳の勉強をしている人のなかにも、grinを見たらいつでも「にやりと笑う」と訳す人がけっこういるんだ。でも、それはまちがっている。

たとえば、smileということばはみんな知っているだろう。「微笑《ほほえ》む」と訳すことが多いね。grinというのはsmileとあまり意味がちがわないことばで、正確に言うと、**smileよりもちょっと大きな笑み**というか、筋肉を少し大きく動かした、**歯を見せる笑み**のことなんだ。だから、**どんな場面なのかによって、「にやり」にも「にっこり」にもなる。**

grinということばについてもっと知りたかったら、よい方法がふたつある。第一に、**英英辞典を引く**こと。英英辞典というのは、英和辞典とちがって、英単語の説明が英語で書かれている辞書だね。それでgrinを引いてみると、"smile widely"と書いてある。widelyは「大きく」という意味だから、grinは「大きくsmileする」ことだ。

きみたちが英英辞典を使うのはまだちょっとむずかしいだろうけど、将来使えるようになるとすごく役に立つから、そういう方法があることを覚えていてもらいたい。

もうひとつ有効なのが、**Googleなどの画像検索《けんさく》**だ。ここにgrinと入れてみると、いろいろな人が笑っている写真やイラストがずらりと並んで出てくる。そのなかには「にやり」に近いものもあれば、「にっこり」に近いものもあるから、**どちらかに決めつけられない**のがはっきりわかるだろう。ほかの単語でも試してみるといいよ。

「笑う」という意味では、ほかにlaughということばをよく使うけど、これは**声を出して笑う**場合。あとはsmirkとかchuckleとかgiggleとか、微妙に笑い方がちがうことばがあるから、自分で調べてみるといいよ。

そんなわけで、ここは「にやり」でも「にっこり」でもいいんだけど、今回、きみたちは辞書の訳語にすぐに飛びつかず、**前後の文脈を考えたり、サリーの性格を推測したりして訳語を選ぼうとした**。これはすごく大事なことで、第1週と比べて大きく進歩しているんだよ。ぜひこの姿勢を今後もつづけていってもらいたいな。

第三文については以上だ。ぼくの訳文は**「ケーキの前でにっこり笑って言う。「さよなら、ダイエット」」**だ。自分では「にっこり」にしたけど、この場面では「にやり」もありうると思う。サリーが感情を露骨《ろこつ》に表に出すタイプだったら、むしろそっちのほうがぴったりだろうね。

●先生の訳例

夫からサリーへのプレゼントは、よだれの出そうな大きなケーキだった。サリーはそのケーキの寸法を定規で測り、「わあ！　高さが十インチもある！（二十五センチある！）」と叫んだ。ケーキの前でにっこり笑って言う。「さよなら、ダイエット（ダイエットにお別れね）」

虹橋《にじはし》センパイからひとこと

すごいなあ、みんな。もとの英文を尊重しながら、日本語にもこだわりを持って、ひとつひとつのことばを選んでる。「よだれ」も「だわ」も「にやり」も、結論がどうこうよりも、じっくり考えることに意味があるんだよね。

ちなみに、わたしはgrinを「にやにやして」にしたよ。ケーキの寸法をわざわざ定規で測るような大げさな場面だから、そのほうがいいと思ったんだ。いろんな考え方ができるよね。

『二十年後』授業

twentyはどう発音する？

第4週　学習範囲《はんい》
英文　83行目から　終わりまで
訳文　58行目から　終わりまで

越前　きょうはこの『二十年後』という作品を最後まで読みきるよ。この作品の終わりのほうに、作者がいくつか仕掛《しか》けを入れていて、それをどのくらい読みとれるかというのがポイントだ。

（虹橋さんの音読）

越前　虹橋さん、毎回の朗読、お疲《つか》れさま。ありがとう。

（一同、拍手《はくしゅ》）

虹橋　いやー、照れますね。

越前　ひとつ質問があるんだ。今回の範囲で、twentyという語が何度も出てくるんだけど、虹橋さんはこれをアメリカ式の発音（「トゥエニー」に近い音）ではなく、「トゥエンティー」に近い音で読んだね。虹橋さんはイギリスに留学していたから、そういう読み方が自然に身についたのかな？

虹橋　それも少しありますけど、オー・ヘンリーはアメリカの作家だから、むしろアメリカ式の読み方のほうがいい気がしてました。ただ、この作品のタイトルは"After Twenty Years"で、twentyという数に大きな意味があると思ったんです。ほかにも、「二十分後」や「二十歳《はたち》」も出てくるし。だから、アメリカやイギリスということじゃなくて、早口を避《さ》けて読んだらそうなったんです。
一同 へえー、すごい。
越前 よく考えてくれたんだね。
虹橋 いやー、照れますね。（一同、笑）毎週、このために練習してきて、自分の勉強にもなりました。
越前 さて、こんどはみんなに日本語を読んでもらう番だ。
（生徒たちの訳文音読、終わる）
越前 おっ、きょうはみんな、ほとんどつっかえなかったな。「語気《ごき》」と「擦《す》って」ぐらいだ。「擦って」は「すって」とも「こすって」とも読めるよ。
ひとつ、意味を尋《たず》ねてみようか。先週もちょっとふれたけど、81行目の「口八丁」はどういう意味かな？　これを……白井くん。
白井 えーっと、話し方が巧《たく》みだということです。ただし、あまりよい意味では使われません。
越前 おや、調べたのかな。辞書に書いてありそうな、完璧《かんぺき》な答だ。
白井 実は調べました。先生のことだから、今回ぐらいから質問が飛んでくるような気がして。

越前　おみごと。すべてお見通しだったわけだ（笑）。

緑川　あたしも調べてたから、あててもらいたかった。

（一同、笑）

越前　よし、じゃあ、つぎに……忘れたころにあてよう。

日本語ではあまり考えない「単数」と「複数」

第1問
英文92行目と112～113行目（訳文63～64行目と78行目）に twenty years is a long time とあります。years は複数形なのに、動詞が are ではなく is になっているのはなぜだと思いますか。

越前　きょうも英語の話に深入りするのは第1問だけだ。twenty years は複数形なのに動詞が are ではなく is なのはなぜなのか。

これはあまり中学や高校で教わらないことだけど、よく考えればきみたちならわかるんじゃないかと思って設問に入れてみたんだ。じゃあ、緑川さんから。

緑川　う一ん、うまく説明できないけど……twenty years っていう……こういう（両手を動かして箱のような形を作る）感じだと、単数でいいんじゃないかと思いました。
越前　（笑）「こういう」のところ、ことばで言えるかな？
緑川　う〜ん、「固まり」とか。
越前　なるほど、ありがとう。ほかの人は？
赤城　わたしはぜんぜんわかりませんでした。パスです。
青山　わたしは緑川さんと同じで、たとえば二十年のなかの一年一年を考えるなら are なんじゃないかと思いました。でも、なんというか、二十年という……こういう……（同じように両手を動かして箱のような形を作る）……
越前　そっくりのポーズだ。（一同、笑）
青山　「区切り」……ひと区切りだと、動詞は is になるんじゃないかと思いました。
越前　うん、緑川さんと青山さんの説明で、じゅうぶんわかったよ。つまり、二十年を一年目とか二年目とか、**ばらばらの要素に分けて考える**場合には、いくつもの年があるわけだから、複数形と考えて動詞は are になる。
一方、二十年という期間を**ひとつのまとまりと考える**場合は、全体としてひとつのものなんだから、単数扱《あつか》いして動詞は is になる。いまのこの文では、意味は明らかにあとのほうだね。こういうことは年だけじゃなくて、ほかの単位でもありうる。
　逆に、単数形なのに、つまり *s* がついていないのに、複数形として扱うような単語を知っているかな？　……うん、これはむずかしいか。たとえば、people（人々）がそうだね。（一同、うなずく）

赤城　あの、fish はどうですか。

越前　あ、fish の場合は**単複同形**と言って、一匹《いっぴき》の魚でも何匹《なんびき》かいるときもどっちも fish なんだね。people は複数の意味しかないから、ちょっとちがう例だ。

黒田　children は？

越前　children の場合は、単数形が child で、複数形には s がつかなくて別の形になるというだけだ。これもまたちょっとちがう例だね。

白井　you は？

越前　なるほど、you か。おもしろいところを突《つ》いてきた。これは単数（あなた）と複数（あなたがた）が同じ形だから、さっきの fish に近いかな。ただし、fish は名詞、you は代名詞だけどね。

青山　every がつくことばはどうですか。everybody とか everyone とか。

越前　またまた別のケースだね。every がつくことばは「みんな」とか、複数の意味なんだけど、単数として扱うからeveryone in this room is young.のように、動詞はisになる。そういう意味では最初のtwenty yearsと同じだけど、twenty yearsのほうはひとつのまとまりと考えるから単数扱いになるのに対し、everybodyなどはそこにいるひとりひとりのことを考えるから単数として扱う。

緑川　むずかしー。

越前　一度に全部は覚えられないから、少しずつ身につけていけばいいよ。もうひとつだけ例をあげよう。みんなも知っているfamily（家族）ということばだ。こんなふたつの文がある。

She has a large family.（彼女の家族は大家族だ）
My family all love music.（わたしの家族はみんな音楽が大好きだ）

前の文は、familyをひとつのまとまりと考えているから、前にaがついている、つまり単数扱いだ。あとのほうは、たとえば四人家族だとして、四人それぞれが音楽好きだと言っているから、主語は複数扱いで、だから動詞はlovesじゃなくてloveなんだ。いろいろなケースがあって、むずかしいとも言えるけど、考えるのがおもしろい文法事項《じこう》でもあるよ。

虹橋センパイからひとこと

単数・複数とか冠詞《かんし》とか、中一で教わるのに、ものすごく深いんだよね。わたしも苦手。でも、例外のように見えることにもそれぞれ理由があるから、納得できるよね。

作者の巧妙《こうみょう》な仕掛け

第2問

今回この場にやってきた男について、英文83～85行目の文（訳文58～59行目の文）や、英文105～106行目の文（訳文73～74行目の文）などから、どんなことがわかりますか。

越前　つぎは、「長いコートの襟《えり》を耳まで立てた長身の男」や「もうひとりの男はコートの襟に顔を埋《うず》めたまま話に聞き入っている」からどんなことがわかるか。

白井　両方とも襟をあげていると書いてあったんで、顔をなるべく隠そうとしてるんだと思いました。

赤城　社交的な性格じゃない感じがします。

黒田　自分が何者だかわからないようにしている。

緑川　正体がばれたら相手に逃《に》げられてしまうから、顔を見せないようにしてる。

青山　この部分だけ見たら、顔を見せたくないのは恥《は》ずかしがり屋という感じがします。

越前　最後の青山さんの**「この部分だけ見たら」**というのがけっこう重要だね。つまり、ここは**最初に読んだ読者と、最後の落ちがわかっていて二度目に読む人と、とらえ方が大きく変わる**ところだ。

ここをはじめて読んだ人は、赤城さんと青山さんが言ってくれたように、恥ずかしがりとか社交的じゃない性格の人物と感じる可能性が高い。そのほか、ただ寒かったからと読む人もいるかもね。

一方、落ちがわかってもう一度読む人は、ああ、**実は顔を見られたくなかった**のか、と気づく。作者のオー・ヘンリーのうまいところだね。今回の範囲には、こういう伏線《ふくせん》というか、ちょっとした仕掛けがたくさんある。これは謎《なぞ》解きを中心とした作品じゃないけれど、**ミステリーっぽい仕掛け**をていねいに読み解いていくと、とてもおもしろいよ。

みんなの答は、どちらも正解と言っていい。

第3問

英文100〜101行目（訳文70行目）に、I have a position in one of the city departments.（いまは市の職員だ。）とあります。position は「地位、職」、city departments は「市のいろいろな部門」という意味です。以前、翻訳学校のクラスで訳してもらったとき、「市役所に勤めている」「市役所で働いている」とした人が多かったのですが、これはあまりよくない訳です。なぜだと思いますか。

越前　さて、こちらはどうだろう。「市役所に勤めている」「市役所で働いている」では、なぜあまりよくないのか。これはむずかしい質問かもしれない。

黒田　よくわからないけど、英語には「働いている」と書いてないから、じゃないかなあ。

越前　つまり、I have a position としか言っていないからということだね。

赤城　黒田くんと同じです。

青山　市役所の仕事にもいろいろあって、アルバイトだったり、ときどき来る清掃《せいそう》係の人だったり、いろいろあるから、「勤めている」じゃぴったり合わないんじゃないかと思いました。

白井　「いろいろな部門」と書いてあるから、市役所と決めつけないほうがいいと思いました。もっと意味が広いというか。

緑川　えーっと、自信がないけど、言っちゃおう。これを言った人って、実は警官でしょ？　警官だったら、「市の職員」だというのはまちがいじゃないけど、「市役所に勤めている」とは言えないいんじゃないかなって思ったんだけど、え、ちがう？　大はずれ？

越前　大あたり。

緑川　わお！（一同、拍手）

越前　白井くんの答もかなり惜《お》しかったけどね。緑川さんのが完璧な正解だ。実は、ここも作者オー・ヘンリーの巧みな仕掛けなんだよ。

ここを**はじめて読んだ読者には、この発言をした人の正体がまだわからない**んだけど、いま緑川さんが言ってくれたように、実は警官だ。西部から来た男が仕事を尋ねてきたので、この男（警官）は I have a position in one of the city departments.（市のいろいろな部門のひとつに職がある）と答えるんだけど、**この言い方だと警官も含《ふく》まれるから、嘘《うそ》をついていない**ことになるんだ。

別の言い方をすると、ここは**作者のオー・ヘンリーが読者に対して罠《わな》を仕掛けている**部分でもある。city departments がどうのこうのと言えば、読者の大半は「ああ、市役所にでも勤めてるんだな」と思いこむんだけど、実は警官だったことがあとでわかる。そこでもう一度読みなおすと、嘘が書かれていないことがわかって、「やられた！」という気分になるんだ。**作者にみごとにだまされた**わけだね。

青山　そうかー。

黒田　やられた。

越前　じゃあ、ここはどう訳せばいいかというと、さっき書いたように「市のいろいろな部門のひとつに職がある」なんて訳したら、あまりにもまわりくどくて、読者は**「ひょっとしたら何か裏があるんじゃないか」**と疑ってしまう。だから**さりげなく短く言わなきゃいけない**個所なので、今回は「市の職員」と訳したわけだ。これを「市役所に勤めている」などとすると、明らかな嘘になるから、作者の絶妙の仕掛けを台なしにしてしまうんだよ。翻訳するときにずいぶん苦労したところだ。

第２問も第３問も、作者の意図を汲《く》みとれたかどうかを尋ねているという意味では、似たタイプの問題だね。

虹橋センパイからひとこと

おもしろかったのは、第2問では、はじめて読んだ人の立場で考えた人と、二度目に読んだ人の立場で考えた人に割れたこと。いちばんいいのは両方の立場で考えることで、それは第3問でもそうなんだよね（なんて言って、わたしも正解はわからなかったけど）。ただ流して読んでるだけじゃ、なかなか気づかないね、こういうのって。

で、説明を聞いたあとで思ったんだけど、ジミーのふりをしてる第三の男は、ひょっとしたら、警察の同僚《どうりょう》である本物のジミーから、大切な友達であるボブには嘘をつかないでくれと言われてたんじゃないかな？　それは深読みのしすぎ？　でも、その可能性もない？　考えてるとどんどん楽しくなるね。

腕《うで》を組むのはなぜ？

第4問
英文１０３行目（訳文72行目）に、The two men started up the street, arm in arm.（ふたりの男は腕を組んで通りを歩きだした。）とあります。ここを読んでどう感じましたか。

越前　つぎへ行こう。「腕を組んで通りを歩きだした」と書いてあるのを読んで、どんなふうに感じたか。どうかな？

白井　友達と会えて安心したんだな、と思いました。

越前　仲がいいから腕を組んだってことだね。

白井　はい。

赤城　わたしは、新しく来たほうの男が相手を逃がさないようにそうしたんじゃないかと思いました。

越前　え、なんだって？　押《お》さえつけているってこと？

赤城　はい。警官だから、せっかく捕《つか》まえた相手を逃がさないように。
越前　へえ。**取り押さえた**ということか。黒田くんは？
黒田　ぼくもだいたい同じ。で、西部から来た男のほうが先に腕を組んだんで、もうひとりの人は「しめしめ」と思ったんじゃないかって。
越前　「しめしめ」か（笑）。いや、実はぼくはそんなふうにまったく思わなかったんだけど、言われてみれば、ここはそういう読み方もできるね。ちょっとびっくりだ。緑川さんは？
緑川　あたしは、どっちかが腕を組んだからもうひとりも真似《まね》したんじゃないかって。仲がいいから。でも、どうしてそれで押さえつけることになるの？
越前　ん？　というと？
緑川　こうやったんじゃないんですか（と、自分の両腕を胸の前で組む）。
赤城、青山　ちがう、ちがう。こうやったんだよ（と、ふたりで腕を組んでみせる）
緑川　えー、そうなの!?　あたし、ひとりがこうやって（と、さっきのポーズ）、もうひとりが真似して同じ恰好《かっこう》をしたんだと思った。
（一同、爆笑《ばくしょう》）
越前　で、ふたりでその恰好をして、並んで歩いたと？

緑川　はい。なんか変だなあと思ったけど、仲よしだからそれもありかなって。（一同、また爆笑）

越前　（どうにか笑いをこらえて）「腕を組む」がそんなふうに読まれてしまうとは……えーっと、英語は……arm in armか。さっき言った画像検索でarm in armを調べてみるといいよ。あとは青山さんかな。

青山　わたしも実は最初、そのポーズを頭に浮《う》かべたんですけど、やっぱりお互《たが》いの腕を取り合ったんだろうと考えなおしました。仲がいい感じというのはほかのみんなと同じです。

越前　みんな、ありがとう。この問題、つぎつぎと予想外の答が出るからおもしろいなあ。実は、**ぼくが予想していた答はだれからも出なかったんで、ちょっとびっくりしているんだ。**みんな……男ふたりが互いの腕を組んで歩くって……変な感じはしない？

（一同、首をかしげる）

赤城　特にないです。

青山　別に……ほんとうに仲のいい友達となら、やったことあるし。

緑川　あたしも。あ、どんなポーズか、もうわかってますよ（笑）。

越前　男子はどうかな？

黒田　うーん……あんまりやらないかな。

白井　背中に腕をまわすのなら、やったことがあるかもしれません。ちょっと変な感じはします。

越前　そうか、この問題ではいろいろ驚《おど》かされて、ぼくにとっても、すごくいい勉強になるよ。実はこれ、みんながもっと**「男が腕を組んで歩くなんて変！」**という反応を示すかと思っていたんだ。

SP
"WE STROLLED ABOUT TOGETHER."

この作品が書かれたのは一九〇五年ごろで、いまから百年ちょっと前だ。**そのころの西洋では、親しい男ふたりが腕を組んで歩くのはまったく珍しいことじゃなかったんだ。**有名な例は**シャーロック・ホームズとワトソン**のふたりで、腕を組んで歩く場面が作中に出てくるし、挿絵《さしえ》にも描《か》かれている。シャーロック・ホームズの作品が書かれたのもだいたい同じころだ。

つまり、この問題で伝えたかったのは、

時代とともに習慣や感覚は変化するということだったんだけど、ぼくときみたちのあいだでも**数十年の年齢《ねんれい》差のせいで習慣や感覚のちがいがある**のかもしれないね。ぼくにとっても、これをみんなに質問したから新たに気づいたわけだから、よかったと思う。

そのほか、少しもどるけど、腕を組むことによって相手を逃がさないようにするという読み方も新鮮《しんせん》だった。結果として押さえつけることになっただけかもしれないけど、作者があちこちに仕掛けている伏線のひとつだという考え方もあるだろう。

虹橋センパイからひとこと

わたしは先生とみんなの中間ぐらいかな。自分が中学生のころには変なふうに思ったかもしれないけど、いまは同性のふたりがそういうことをしていてもあまり感じない。年齢のせいなのか時代のせいなのか、よくわからないけど、常識とか思いこみとかは変わっていくってことだよね。

まわりくどいのには理由がある

第5問 最初に出てきた警官（本物のジミー・ウェルズ）は、なぜ別の警官に手紙を預けたのでしょうか。また、最後の手紙を書いたとき、ジミーはどんな気持ちでいたでしょうか（手紙でどんなことばが使われているかもヒントになるかもしれません）。

越前 残りの二問は、この物語全体の読み方にかかわってくる。途中《とちゅう》で退場した警官、つまり本物のジミー・ウェルズは、なぜ同僚に手紙を預けたのか、そして手紙を書いたときどんな気持ちだったのか。

緑川 やっぱり、直接言う勇気がなかったからじゃないかな。あたしだったら、ぜったいに無理。

白井 相手は大親友だから、犯罪者だとわかって悲しかったんだと思います。代理の人に預けるしかなくて、手紙を書いたときもずっと悲しかった。

黒田　こういう再会は悲しい。自分じゃ捕まえられなかった。
青山　自分じゃ捕まえたくないというのはみんなと同じです。あと、自分が待ち合わせの約束をちゃんと守ったことも伝えたかったと思います。手紙は必死で書いたんでしょう。
赤城　みんなとだいたい同じです。ほんとうは手紙だって書きたくなかったはずです。
越前　うん、みんな、しっかり読めていると思うよ。そこで、質問をもう一度見てみよう。**「手紙でどんなことばが使われているかもヒントになるかもしれません」**とあるんだけど、これはどうかな。
　実は、ぼくがこの最後の手紙を読んだとき、**作者のオー・ヘンリーのことばの選び方が上手**だなあと思った個所があるんだ。どこかわかるかな？　だれでもいいよ。
白井　……「自分ではどうも無理だったから」ってあたりに、最初は自分で捕まえようと思って、迷ってた感じが出てると思います。
越前　なるほど、たしかにそれはそうだね。ほかにないかな？
（一同、沈黙《ちんもく》）
越前　じゃあ、質問のしかたを変えよう。この手紙を書いたジミーは、あることばを使うのを避けているんじゃないかな。どんなことばだろう？

黒田　……逮捕《たいほ》？

越前　そう。そうなんだよ。なぜ避けたんだろう？

黒田　ボブを傷つけたくないから。

越前　そのとおり。**「逮捕」というのは直接的で露骨なことば**だから、ジミーとしては使いたくないんだ。英語だと arrest という単語だ。

で、この手紙の最後の文をもう一度見てみよう。英文と訳文の両方。

Somehow I couldn't do it myself, so I went around and got a plain clothes man to do the job.

でも、自分ではどうも無理だったから、もどって私服の同僚に執行《しっこう》を頼《たの》んだんだ。

英文のほうはむずかしい部分もあるけど、大筋はきみたちにもわかるだろうから、ちょっとていねいに読んでいくよ。

最初の Somehow は訳文だと「どうも」にあたって、迷っている感じを表している。そのつぎに do it と言っていて、ここが大事だ。arrest（逮捕する）ということばを使いたくなくて、**「それをする」とあいまいに言っている**わけだ。

そして、最後の got a plain clothes man to do the job というところで、got は「〜させた」という意味で、そのあとの a plain clothes man は、plain が「ふつうの」、clothes が「衣服」（単数形の cloth は「布」）という意味だから、「私服の男」だ。大ざっぱに言うと、警官には二種類あって、制服警官（事務関係や巡査《じゅんさ》など）と私服警官（刑事《けいじ》など）がいる。ふつうなら detective（刑事）と言うところで、ジミーはここでも**まわりくどく「私服の男」と言っている**。さらに言えば、手紙全体で police（警察）という単語も使っていないね。ボブに気づかって、すごくまわりくどい言い方をしているんだ。

そのあとの do the job（仕事をする）も、さっきの do it とほぼ同じだ。ここでも arrest（逮捕する）を避けているわけだね。

こんなふうに、**手紙のことばづかいから、このときのジミーのつらい気持ちや親友への気づかいが読みとれる**わけだ。ぼくの訳文でも、そういうことを踏《ふ》まえて、「警察」や「逮捕」などの直接的なことばを使わなかったんだよ。

今回の特別授業では、英語と国語を同時に勉強するようなやり方で進めているけど、こんなふうに**ことばの微妙なニュアンスを読みとる訓練をするのにこの『二十年後』という作品は最適**だから、これを選んだんだよ。もちろん、こういう訓練は**筋道立てて物事を考える習慣**にもつながるから、ほかの科目にだってきっと役立つはずだ。

虹橋センパイからひとこと

うわあ、鳥肌《とりはだ》が立っちゃった！　ほんと、ミステリーの謎解きみたい。でも、言われてみれば全部そうだよね。そして、これだけあいまいな書き方をしてるのに、種明かしとしてわかりにくいところがないし、ジミー自身がその場にいないのに、その無念や切なさがひしひしと伝わってくる。だからこそ、これはオー・ヘンリーの名作のひとつなんだね。

もう一度読んでみると……

第6問

最初に登場した警官（本物のジミー・ウェルズ）は、昔の友達のボブが〞口八丁のボブ〟であることにいつ気づいたと思いますか。また、この作品を読み終わったいま、第2週の第1問（この作品の最初のふたつの段落から、警官はどんな人だと感じられるか）についてもう一度考えてください。

越前　いよいよ最後の問題だ。まず、最初に出てきた警官、本物のジミー・ウェルズは、昔の友達のボブが〝口八丁のボブ〟であることにいつ気づいたか。これはどうだろう。

赤城　最後の手紙に「マッチを擦って葉巻に火をつけたとき」とあるから、18行目だと思います。

白井　同じです。

黒田　ぼくも同じ。

青山　わたしは、そこもそうだけど、もうちょっと前の、13行目で相手がしゃべったときに、「ああ、ボブの声だ」とわかったんじゃないかという気がします。

緑川　あたしもみんなとだいたい同じだけど、ひょっとしたら最初から半分疑ってたんじゃないかなって。声を聞いたり、顔が見えたりで、だんだんはっきりわかってきたと思う。

越前　最初からうすうす感づいていて、それを少しずつ確認していったという感じかな？

緑川　そうです。ぜったいそう。だって、前から指名手配されてたはずだし。ボブって名前も同じで、顔写真もあったんだろうから。

黒田　似顔絵だったかもよ。

緑川　そうかも。

越前　ぼくも緑川さんの意見に賛成だな。もし最初にぜんぜん気づいていないとしたら、ジミーは二十年前の約束を忘れていたことになる。そして、たまたま歩いていたら、たまたま約束した夜にボブと出くわしたことになるんだけど、それはあまりにも偶然《ぐうぜん》が過ぎるんじゃないか。それよりは、**旧友との約束はちゃんと覚えていて**、でも一方で同じボブという名前の犯罪者がニューヨークに来ているという情報がはいったんで、同一人物だったらいやだなあと思いながらも、**確認も兼《か》ねて、他人のふりをして待ち合わせ場所に向かった**と考えるべきだ。

白井　そうか、そういうことか。

越前　さて、そうだとしたら、後半の質問はどうだろう。最初の二段落で、警官のジミーはどんな気持ちでいたのか。隙《すき》がないとか、変人とか、いろんな意見があったけど、あらためて考えると、このときはどんな気持ちだったんだろう?

赤城　不安だったと思います。

越前　そうだ。二段落目では巧みな動きで警棒を振《ふ》りまわしたりしているけど、これは**不安な気持ちを抑《おさ》えるため、あるいは気をまぎらすため**だったのかもしれない。**警官としての任務と、昔の仲間との友情との板ばさみになっていて、それでも堂々とふるまお**

うとしていたのかもしれない。

ほんとうのところははっきりわからないけど、そんなことも考えながら、この作品を読み返してみるといいよ。ひょっとしたら、ぼくも読み落としていることをきみたちが見つけるかもしれない。

もう一度言うけど、このオー・ヘンリーの『二十年後』という作品は、視点が途中で変わったり、作者の細かい技巧がたくさん使われたりしていて、**読み解いていくおもしろさが抜群《ばつぐん》**だ。これからみんなが少しずつむずかしい英文を読んでいくときにも、こういうすぐれた作品にまた出会えたらいいと思うな。

『二十年後』を使っての特別授業は、いったんこれで終わりだ。次回はこの作品を要約した英文をみんなに訳してもらい、あとはここまでの全部の感想を言ってもらうよ。最終回の授業が楽しみだ。

おや、最後まで雨が降らなくてよかったな。

一同　ありがとうございました。

虹橋センパイからひとこと

今回がいちばんおもしろかったし、みんなの意見もどんどん出るようになったし、これで作品を読み終えてしまうのがもったいないくらい。でも、みんな、つぎは長い英文をまるごと訳してくるんだよね。五人の作品を見るのが楽しみ！

第4週ポイントチェック

□「彼」「彼女」と役割語は、なるべく控えめに使おう。
□訳語を決めるとき、文脈だけでなく、英英辞典や画像検索が役に立つ場合もある。
□英語では、単数と複数の区別がかなり大切。
□作者が文中に組みこんだ仕掛けや伏線を読みとろう。
□時代とともに、習慣や感覚は変化する。年齢差による場合もある。
□細かいことばづかいから、登場人物の人柄がわかることもある。

第４回翻訳にチャレンジ！

Jimmy and Bob were best* friends in New York. They made a promise: a reunion at 'Big Joe' Brady's restaurant after two decades. Bob moved to the West, but he came back to New York for this meeting. He waited in front of the former restaurant, and a police officer approached him. Bob told the story to the officer.

The officer went away, and after about twenty minutes, Jimmy showed up. They talked and walked together, but then Bob caught out that fellow's lie. He was actually an undercover police officer, and came here in** order to arrest 'Silky Bob.' He carried a note from Jimmy. It said he couldn't perform the duty by himself, so he sent someone else.

* best friends　（大）親友
（「ニューヨークでいちばん仲がいい友達」の場合はthe best friends。ここはその意味ではない）

** in order to　〜のために

質問箱5 お勧《すす》めの本を教えてください！

赤城　この『二十年後』のほかに、わたしたちへのお勧めの海外作品などがあったら、もっと教えてください。

越前　第3週に言ったこととも関係するけど（→p.134）、海外作品の魅力《みりょく》はふたつあって、**自分たちと似ている部分を楽しむ**ことと、**自分たちとのちがいを楽しむ**ことだ。すぐれた文学作品は、かならずその両方を満たしてくれる。「質問箱4」（→p.152）で虹橋さんがとてもいいことを言っていたけど、ああいう考え方は、**外国で過ごすだけでなく、海外のすぐれた文学作品を読むことによっても身につく**はずだ。

ぼくも含めた六人の翻訳者がNHKラジオの《中学生の基礎《きそ》英語　レベル2》のテキストで中学生にお勧めの海外作品を紹介《しょうかい》する連載《れんさい》コラムを書いているから、ぜひ読んでもらいたい。その連載をまとめて、英語以外の翻訳者の人たちにも協力してもらってできたのが、この〈14歳の世渡り術〉シリーズの『はじめて読む！　海外文学ブックガイド』という本だ。オー・ヘンリーのほかの作品も紹介しているよ。

虹橋　わたしからのお勧めはサリンジャーの『キャッチャー・イン・ザ・ライ（ライ麦畑でつかまえて）』。そのブックガイドにも載《の》ってるよ。

第5週

訳すことで、世界が広がる

WORLDLY WISDOM FOR 14 YEARS OLD

越前《えちぜん》　いやー、きょうも暑いね。いよいよ最後だ。全員が出席してくれてうれしいよ。では、「翻訳《ほんやく》にチャレンジ！」の最終回だ。今回は全員に自分の訳文を音読してもらうよ。

「第４回翻訳にチャレンジ！」解説＋『二十年後』授業

（虹橋《にじはし》さんの英文音読ののち、全員が自分の訳文すべてを音読）

見ても聞いてもわかりやすい

越前　今回、全員に自分の訳文を読んでもらったのは、**声に出して読んでみると、それまで気づかなかった自分の細かいミスがよくわかる**からなんだ。たとえば、「～でした」「～ました」と「～だった」の文が交じっていることなどは、すぐに気づくよね。

これは翻訳にかぎったことではなくて、日本語の文章を書くときにぼくがいつも気をつけていることがふたつある。**目で見てわかりやすい**ことと、**耳で聞いてわかりやすい**ことだ。

「目で見て」のほうは、たとえば、ひらがながあまりにも長くつづくと読みにくいから、ところどころ漢字を入れたほうがいいよね。逆に、漢字が多すぎても読みづらくなる。**ひらがなとカタカナと漢字のバランス**が大事なんだ。

「耳で聞いて」のほうは、長すぎる文では**ところどころ読点を打ったほうがいい**とか、ことばのかかり方がわかりづらいときは**順序を変えたほうがいい**とか、そんなことだけど、音読したほうが気づきやすいんだね。

だから、翻訳にかぎらず、ある程度の長さの文章を書いたときは、見直しの段階でしっかり目で追いながら、**声に出して読んだほうがいろいろと改善しやすい**んだ。自分でもやってみるといいよ。

ともあれ、今回は前回までに読んだ文章の要約だとはいえ、かなりの長さの文章をほとんどまちがいなく訳すことができたんだから、それはみんなにとって、この夏の大きな成果だ。むずかしい単語がいくつかあるけど、注をつけた in order to 以外は、みんな、あたりまえのように辞書をしっかり引いて訳せたんだから、大変な進歩だよ。自信を持っていいんだ。

赤城《あかぎ》

ジミーとボブはニューヨークにいるとき大親友でした。彼らはビッグ・ジョー・ブレイディのレストランで20年後に再会しようと約束しました。ボブは、西部の方へ移動していましたが、この約束のために戻ってきました。彼が例のレストランの前で待っていたら、1人の警察官が近づいてきました。ボブは彼に経緯を話しました。

警察官が離れて行って約20分後、ジミーが現れました。2人は一緒に歩きながら話していましたが、その時ボブはジミーの嘘を見破りました。彼は実は変装した警察官で、逮捕するためここに来て、「のらりくらりのボブ」と呼びました。彼はジミーからの手紙をボブに渡しました。そこには「自分には責務を実行することができなかったから、他の者に頼んだ」と書いてあったのでした。

引っ越して、移り住んで

持っていました

〃または「

〃または」

かつて

the story
すばらしい訳語！

厳密には、
「変装」は
していません

を

てい

青山

ジミーとボブはニューヨークの親友で二十年ぶりにビッグ・ジョー・ブレイディ・レストランで再会する約束をしていた。ボブは西部にいっていましたが、この約束のためにニューヨークに戻ってきました。元のレストランの前で待っていると、警察官は彼に近づきました。ボブはその話を警察官にしました。

警官は立ち去り、約二十分後にジミーが現れた。彼らは一緒に話したり歩いたりしましたが、ボブはその嘘を見破りました。実は彼は潜入警察官で、シルキー・ボブを逮捕するためにここに来たのだ。彼はジミーからの手紙を持っていた。一人では任務を遂行できないため、別の人を派遣したという。

が(初登場なので)

に住む

、

〃または」

〃または」

どちらかにそろえましょう

ほかはすべて「警察官」。
そろえましょう

that fellow's
「その」ではあいまい。
「相手の」「その男の」など

〃または」

〃または」

「潜入」は微妙に
意味がちがう

これは
とてもうまい
訳し方です。
It said…

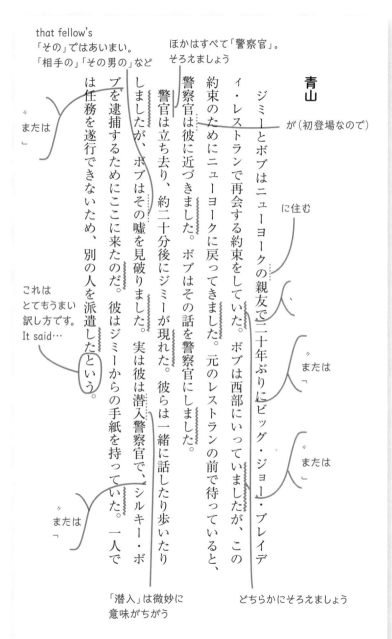

緑川

ニューヨークのジミーとボブは親友でした。彼らは約束を交わしました。それは「20年後にこのレストランで再会する」というのでした。ボブは西部へ引っ越しましたが、ジミーに会うためにニューヨークに帰って来ました。ボブは前者のレストランの前で待っていたら警察官が近づいて来ました。ボブは警官にその約束の話をしました。

警官はその後たち去り、20分後にジミーが現れました。彼らは一緒にその時を過ごしていましたが、ボブはジミーが嘘をついていると気づいたのです。実は彼は秘密警察官で、口が軽いボブを逮捕するためにここに来たのでした。彼はジミーからの手紙を持っていました。そこには、「私では、君を捕まえることができなかったから他の警察官を送った」と書かれていました。

“ビッグ・ジョー”ブレイディの

もの

for this meeting
このように訳すのは
うまいです

かつての

どちらかにそろえる

歩きながら話して

その男が（ジミーでは
ないと気づいたので）

〃または
「

〃または
」

トル

者（はっきり「警察官」とは書いていない）

黒田

ボブとジミーはニューヨークで暮らす大親友だった。彼らはビッグ・ジョー・ブレイディーのレストランで二十年後にまた会うことを約束しました。ボブは西へ引っ越した。しかし彼は再会するためにニューヨークに帰って来た。彼は約束したレストランの前で待った。そしてそこにひとりの警管が彼に話しかけた。ボブはその警管に二十年前の約束について話した。

その警管は去って行った、そしてその二十分後、ジミーが姿を見せた。彼らは一緒に歩いて、しゃべった。しかし、それからボブはジミーが本物でないことに気付いた。彼は本当は私服警管だった。そしてここに来たのは「口八丁のボブ」を捕まえるためだった。彼はジミーからの一通の手紙を持って来ていた。そこには私には逮捕できなかったと書いてあった、だから彼はだれかに送らせた。

the story
このように訳すのもいいですね

うまい訳です

〃 または「

〃 または」

ここだけ「〜ました」になっています

かつての

官

これも
うまい訳

を送りこんだ

ほかの者

白井

ジミーとボブはニューヨークで親友でした。彼らは約束を交わしました。それは、二十年ぶりにビッグジョーブレイディーのレストランで再会するというものでした。ボブは西部に行きましたが、約束を果たすため、ニューヨークに戻ってきました。前、ビッグ・ジョーブレディの店だった場所で待っていた彼に警官が近づきました。ボブは警官にこの話を伝えました。

警官がいなくなった少したったころジミーが現れました。彼らは一緒に話しながら歩いていましたがボブはジミーがにせものであることを見破りました。ジミーと名乗っていた彼は実は警官であり、「口八丁のボブ」を逮捕するためにここに来ていました。彼はジミーからのメモを渡しました。その手紙によると、彼自身にはどうすることもできなかったから他のものに行かせたという内容でした。

〃または「

・

〃または」

・

2行前とそろえる

this meeting このように訳してもいいですね

彼が待っていると、

て二十分ほど

、

男

持っていました

では職務を果たせなかった

「手紙によると～ということでした」

または「手紙は～という内容でした」

とてもよい訳です

the former とてもよい訳です

先生よりうまい訳ができた！

越前　きょうは大事なところの説明を、ざっとまとめて一気にするよ。それぞれの細かい改善点については、みんなの訳文に書きこんだから、ゆっくり見ておいてもらいたい。横に実線（――）が引いてあるところは、意味の取りちがいや訳抜《やくぬ》けがある個所で、点線（……）が引いてあるところは、まちがいではないけれど改善したほうがいい個所だ。

数の表記については、漢数字の人と算用数字の人がいたけど、**今回は文学作品で、縦書きが原則となるから、漢数字で書くほうがいい**。

まず、２行目の promise（約束）のあとの「：」というマーク。これは**コロン**といって、**その前にあることばの具体的な説明**がつづくことが多い。この場合は、約束がどんな内容だったかが書かれている。

ついでに言うと、これに似た「；」というマークもあって、**セミコロン**と呼ばれる。コロンとセミコロンは、名前だけ覚えておくといいよ。

つぎの reunion は「再会」という意味で、ここでは「二十年後に〝ビッグ・ジョー〟・ブレイディの店でふたたび会うこと」などと訳すと、わかりやすい日本語になる。

4行目の the West は、本文にも出てきたとおり、ただの西ではなくて、ここではアメリカの西部という意味だ。

5行目の meeting は、ミーティングという日本語なら会議や会合という意味だけど、ここは「会うこと」、つまり2行目の reunion のことを指している。日本語にする場合は「会うこと」でも「再会すること」でもいいし、黒田くんのように「二十年前の約束」などとしてもいい。

同じ行の former の意味は「前の」「以前の」「もとの」などで、この話にも出てきたとおり、the former restaurant を「以前レストランがあった場所」などと訳すとぴったりだ。

7行目の the story は「その物語」でもいいんだけど、これはジミーとボブが二十年後に再会する約束をしたことを指すわけだから、「その約束」のように訳しても問題ない。赤城さんの**「経緯《けいい》」**というのはすばらしい訳語で、**はっきり言って、ぼくの訳よりうまい**よ。すごい。「いきさつ」でもいいね。

第二段落へ行こう。第一文は辞書を引けば問題ないだろう。

10〜11行目の caught out that fellow's lie がちょっとむずかしいね。caught は catch の過去形で、catch out は辞書に「(嘘《うそ》などを)見破る」とある。that fellow は「その男」「そ

いつ」ということで、ここではジミーのふりをしていた男（実は警官）のことだから、「相手の嘘を見破る」「その男の嘘を見破る」などと訳せばいい。

つぎの文のactuallyは「実は」で、11行目のundercoverは「秘密の」という意味だけど、an undercover police officerは、この話の場合は「覆面警官《ふくめん》」（警官であることを隠《かく》している警官）と訳すのがいちばんぴったりだ。みんなの訳はばらばらだったけど、赤城さんの「変装した警察官」はぎりぎりＯＫかな。おもしろいのは白井くんの「ジミーと名乗っていた彼は実は警官であり」という訳し方で、これなら事実どおりだからＯＫにしていいと思う。ほかの人のはちょっとずつ意味がずれるね。

つぎの行の'Silky Bob'は、ぼくの訳文では「口八丁のボブ」となっていて、これは辞書に「口のうまい」とあるから選んだ訳語だけど、赤城さんの「のらりくらり」というのも、「silky→絹のようになめらか→とらえどころのない」という連想から出てくる訳語だから、ここでは悪くないと思う。

最終文のIt said以下は手紙に書かれていた内容だから、つぎのheは本物のジミーのことだ。となると、手紙のなかではIと書かれていたはずだから、ここを「わたし」や「おれ」と訳す方法もあるし、「自分」ということばにする手もある。これは高校で教わる**直接話法**と**間接話法**という文法項目《こうもく》に関することだから、あまり深入りしないで、どの訳し方でもいいことにしよう。

そのあとの by himself は、「ひとりで」という意味もあるけれど、ここでは人数の問題ではなく、自分の手では逮捕《たいほ》できなかったということだ。緑川さんの「私では」、黒田くんの「私には」というのも、しっかりニュアンスが伝わるいい訳だよ。

最後の sent someone else は「ほかの人に送った」じゃなくて「ほかの人を、送った」だね。青山さんの「派遣した」というのもなかなかうまい訳だ。

さっきも言ったけど、これだけの長さのものを、みんな最後までよく訳しきったと思うよ。**きみたちにとっての大きな財産**だ。

●先生の訳例

ジミーとボブはニューヨークに住む大親友だった。ふたりはある約束を交わした――二十年後に〝ビッグ・ジョー〟・ブレイディの店で再会しようというものだ。ボブは西部へ移り住んだが、この再会のためにニューヨークに帰ってきた。ボブがかつてレストランだった場所で待っていると、ひとりの警官が近づいてきた。ボブはその警官にジミーとの約束について話した。

警官が去り、二十分ほど経ったころにジミーが現れた。ふたりはいっしょに話しながら歩いたが、やがてボブは相手の嘘を見抜いた。実はその男は覆面警官で、〝ロ八丁のボブ〟を逮捕するためにここへ来たのだった。その男はジミーからの手紙を携《たずさ》えていた。そこには、自分では執行《しっこう》できないから代理の人間を送りこんだと書いてあった。

虹橋センパイからひとこと

ほんと、大きな財産だよね。中学生でこんなに訳せるようになるなんて、うらやましい！　それに、「経緯」なんてことば、どうやったらひねり出せるの？　教えて、赤城センパイ。

みんなの感想

越前　では、最後に、ここまでの特別授業全体の感想を聞こうか。

青山　ひとつのことばにたくさん意味があって、そのなかから**この文章にふさわしい訳語を選ぶ能力**が養われた気がしました。印象に残っているのは、第4週第4問のふたりが腕《うで》を組んでいたという個所で、赤城さんや黒田くんが実は警察官であるジミーの視点で相手を捕《つか》まえておくという読み方をしていて、そういう考え方もあるんだなって、おもしろいと思いました。

白井　ぼくも、ひとつの単語に、意味は似ているけどどとらえ方が変わるとぜんぜんちがう訳し方があるのを知って、翻訳っておもしろいなと思いました。silky のもとの意味は「なめらかな」だけど、この作品では「口八丁の」になるみたいに。あと、**だれの視点という考え方**とか、いろんな読み方ができるのがわかりました。

黒田　家で英語の勉強をしてるときに、この特別授業でやったことが出てきて、すぐ解けたことがあって、とてもうれしかった。それと、これまではわからない単語が出てきたときにインターネットを見るだけだったけど、いまは**辞書を引いて考える**ようになった。

緑川　知らない単語がたくさん出てきたんですけど、少しずつ調べていくうちに、話の流れのなかで、わからない単語もなんとなくわかるようになってきました。うれしい。あたし、将来はCAになりたいと思ってて、そのために英語がもっともっとできるようになりたいんで、役に立つんじゃないかって。

越前　卒業生の虹橋さん、中学の同期でCAになった人はいる？

虹橋　何人か内定してます。
越前　がんばればなれるってことだね。
数人　ＣＡってなんですか？
越前　キャビンアテンダントの略だね。日本語だと客室乗務員。
数人　あー。
赤城　翻訳を習ってみて、意味がわからない単語を調べたりしているうちに、**学校で教わった文法を使うだけでも、ちょっとむずかしい英語の文章もすらすら日本語にできる**ようになりました。もしかしたらこの作品だからかもしれないですけど、よく読んでみると、文章のなかに**エンディングへの伏線**《ふくせん》みたいなものがいくつもあるのがわかって、おもしろいなと思いました。
越前　みんな、ありがとう。では、虹橋さんも感想を。
虹橋　わたしはいま、大学の文学部で文学を勉強し、翻訳論を学びはじめたところで、あとは英語学習者でもあり、この学校の卒業生でもあり、いろんな立場でこの授業をずっと聴講《ちょうこう》させてもらいました。そのどの立場から見ても、おもしろく有意義な時間だったと感じてます。
　このオー・ヘンリーの『二十年後』という作品を自分が最初に読んだときには気づか

なかったことが、今回の授業でわかったり、けっこう斬新《ざんしん》な切り口みたいなものも、みなさんからの意見で気づけたことが多くありました。自分が文章を読んでいくときに**無意識に決めつけている枠組《わくぐ》みにあらためて気づかされた**というのもあります。そういうことを自覚することが、翻訳をしていくうえで大事なんじゃないかと感じました。

わたし自身が中学二年だったころは、夏休みにこんなふうに毎週特別授業に参加するなんて、ぜったいいやだった。（一同、笑）ちょうどいま、大学でも夏休みの特別講義があって、そのアシスタントもやっているんですけど、何人かの学生は途中《とちゅう》で脱落《だつらく》しています。だから、こんなふうに五人全員が最後までしっかり参加してくれたことがとってもうれしいし、みんなにとっても、きっと将来役に立つはずです。ありがとうございました。

越前　最後に、ぼくの感想。

まずはみんな、お疲れさま。

今回の特別授業は、英語と国語を同時に学ぶという、かなり強引な試みで、正直なところ、みんなに途中で逃《に》げ出されてしまうんじゃないかと（一同、笑）不安だったんだけど、蓋《ふた》をあけてみると、いい意味で完全に予想を裏切られてしまった。みんなが課題に熱心に取り組んで、鋭《するど》い意見をつぎつぎ出してくれるんで、ぼくもたくさん勉強させてもらったよ。どうもありがとう。

ふだんも翻訳学校などで教えてるんだけど、英語と日本語、どちらか一方の言語だけが得意な人などはほとんどいないんだ。**ことばに対する鋭い感覚はふたつの言語を行き来することで最も効率的に養われる**というのがぼくの持論で、今回の特別授業では、それを証明できた気がする。そして、これだけ大変な課題を夏休みに毎週こなして、全員が生き残った（一同、笑）のはほんとうにすばらしいことだと思う。

今回の経験が仮にすぐに役立たなかったとしても、何年か経ったときに、ああ、あのとき聞いたのはこういうことだったのか、と思い出すこともあるんじゃないかな。特に、しっかり調べてていねいにことばを選ぶという習慣はこれからもぜひつづけてもらいたい。

あらためて、みんな、ありがとう。

一同　ありがとうございました。

第５週ポイントチェック

□見ても聞いてもわかりやすい文章を書くよう心がけよう。
□ことばに対する感覚はふたつの言語のあいだを行き来することで養われる。

おわりに

五人の生徒のみなさんとアシスタントの虹橋《にじはし》さん、そして最後まで付き合ってくださった読者のかたがた、お疲《つか》れさまでした。

この本の企画《きかく》は、河出書房新社の〈14歳の世渡り術〉シリーズの編集部にわたし自身が提案して進めてきたものです。そのわたしが自分でこんなことを言ってはいけないのですが、当初はほんとうに今回の特別授業がうまくいくのかどうか、自信がありませんでした。内容がむずかしすぎて、脱落《だつらく》する生徒がいるのではないか。日本語と英語の両方を学ぼうとして、結局どちらも身につかずに中途半端《ちゅうとはんぱ》に終わるのではないか。自分ばかりが一方的に話しつづける空まわりの授業になってしまうのではないか。そんな不安が尽《つ》きませんでした。

ところが、蓋《ふた》をあけてみると、いい意味で、毎週が驚《おどろ》きの連続でした。参加してくれた生徒のみなさんは全員が課題に積極的に取り組んでくれ、互《たが》いに刺激《しげき》し合うことによって、こちらの予想をはるかに上まわる速度で、着実に力をつけていきました。

実際の特別授業は、夏休み中の学校の教室に女子五人、男子三人の計八人が参加する形でおこなわれました。それを女子三人（赤城さん、青山さん、緑川さん）、男子二人（黒田くん、白井くん）の発言に凝縮《ぎょうしゅく》して再構成したのがこの本ですが、その際、新たな発言をこちらで創作して加筆するようなことはほとんどしていません。びっくりするような名訳も、ふつうの大人が気づかないようなあまりにも鋭《するど》い指摘《してき》も、すべて八人のうちのだれかが現実に話したり書いたりしたものだったのです。

この本をまとめ終えて強く感じるのは、翻訳《ほんやく》についても文学についても言語教育についても、まだまだわれわれが見いだしていない大きな力や可能性がひそんでいるのではないかということです。文学が学校教育の片隅《かたすみ》に追いやられ、ＡＩで一瞬《いっしゅん》にして多くの物事が表面的にのみ解決するかのように感じられる昨今ですが、ひょっとしたら今回の特別授業でおこなったことが現状に重要な一石を投じるためのヒントになるのではないか、ひとすじの光明が見えた気がしてなりません。海外文学を紹介《しょうかい》する翻訳者として、この夏の出来事は大きな励《はげ》みになりました。

読者のみなさんにとっても、この本が何かの気づきや大きな成長のきっかけになることを祈《いの》っています。これは中学二年生に向けておこなった授業の記録ではありますが、最初の「この本の使い方」にも書いたとおり、この特別授業を通して、わたしは文学作品を翻訳するにあたって重要だと考えることの大半を話したという手応えを感じています。読者のかたがたがこれを機に外国語や母語や言語全般《ぜんぱん》、さらには海外文学や翻訳書や海外文化全般に一段と興味を持ってくださるようなら、著者としてそれ以上の喜びはありません。

この本を作るにあたっては、多くの人たちに大変お世話になりました。

八雲学園中学校高等学校の近藤彰郎校長、英語科の近藤隆平先生、国語科の横山陽子先生、幸地曜子先生をはじめ、十人以上の先生がたが、準備段階を含めて全面的に協力してくださいました。そのお力添《ぞ》えがなければ、けっしてこの本を完成させることはできませんでした。厚く御礼《おれい》申しあげます。

そしてもちろん、同校中学二年生の八人のみなさんも、ほんとうにありがとう。みなさんはこの授業でたくさんのことを習得したと思いますが、それに負けないくらい多くのことをこちらもみなさんから学び、気づかされ、励まされました。これからも応援《おうえん》しています。

最後に、夏の猛暑《もうしょ》のなか、ほぼ毎週教室へ同行し、本の完成までずっと伴走《ばんそう》してくれた三人の仲間――河出書房新社編集部の高野麻結子さん、北烏山編集室の樋口真理さん、そしてその二人に劣《おと》らぬみごとな働きぶりだった娘《むすめ》・越前香桜里――にも謝意を捧《ささ》げます。ありがとうございました。

二〇二四年一月二十九日
初長編訳書の刊行からちょうど四半世紀経った日に
越前敏弥

二十年後

オー・ヘンリー作

越前敏弥《えちぜんとしや》訳

Illustration by Tomoko Inaba

《訳文》

二十年後

オー・ヘンリー作　越前敏弥訳

巡回《じゅんかい》中の警官が大通りを堂々と歩いていた。堂々としているのはいつものことで、見せびらかすためではなかった。そもそも、見ている者などほとんどいないからだ。まだ夜の十時かそこらだが、雨のほんの少し混じった冷たく強い風が通りからあらかた人を追いやっていた。

警官は警棒を幾《いく》通りもの複雑で巧《たく》みな動きで振《ふ》りまわしながら、つぎつぎと戸締《とじま》りを確認し、ときおり振り返っては、静まり返った街角へ油断なく視線を投げかける。がっしりとした体格と少し肩《かた》をそびやかす歩き方は、平和の守護者を絵に描《か》いたようだ。このあたりは終業が早い。葉巻店や終夜営業の軽食堂の明かりがところどころ見えるが、大半は事務所のたぐいで、どこもずいぶん前に閉まっていた。

ある街区の中ほどまで来たとき、警官は急に歩をゆるめた。暗くなった金物屋の戸口に、火のついていない葉巻をくわえた男がひとり寄りかかっている。警官が近づくと、男はすかさず口を開いた。

第1週

第2週

「なんでもありませんよ、おまわりさん」男はなだめるように言った。「友達を待ってるだけです。二十年前に交わした約束がありまして。ちょっと変に聞こえますかね。なら、真っ当な話だとわかってもらうために説明しましょう。古い話ですけど、そのころ、ここにはレストランがありました――〝ビッグ・ジョー〟・ブレイディの店がね」

「五年前まであったよ」警官は言った。「その後、取り壊《こわ》された」

戸口の男がマッチを擦《す》って葉巻に火をつけた。その明かりで、青白く顎《あご》の角張った顔が浮《う》かびあがった。目が鋭《するど》く、右の眉《まゆ》の近くに小さな白い傷跡《きずあと》がある。ネクタイピンには大きなダイヤモンドが妙《みょう》な恰好《かっこう》ではまっている。

「ちょうど二十年前の夜」男は言った。「ここにあった〝ビッグ・ジョー〟・ブレイディの店で、ジミー・ウェルズって男とめしを食ったんです。そいつはおれの親友で、世界一いいやつでした。このニューヨークでいっしょに育った兄弟みたいなもんですよ。おれは十八で、ジミーは二十歳《はたち》。おれは翌朝、ひと山あてにひとりで西部へ向かうことになってました。ジミーをこのニューヨークから引きずり出すなんて、だれにもできなかった。やつにとっては、この街だけが生きる場所だったんです。だからその夜、約束したんですよ。ちょうど二十年後の同じ日、同じ時間に、たとえどんな身の上になってどんな遠くにいようと、ここで再会しようじゃないかって。二十年も経てば、どういう形であれ、お互《たが》いにいっぱしの人間になってるはずだし、財産もそれなりにできてるだろうって考えたわけです」

「なかなかおもしろい話だ」警官は言った。「それにしても、二十年後とはずいぶん長い。別れてから連絡《れんらく》は来なかったのかね」

「いや、しばらくは手紙でやりとりしてましたよ。でも、一年、二年と経つうちに、それも途絶《とだ》えちまいました。何しろ、西部ってのは、ばかでかいとこで、おれはそこをあちこち派手に飛びまわってましたから。けどね、生きてさえいりゃあ、ジミーのやつはかならず来ますよ。いつだってだれよりも信用できる、義理堅《がた》いやつでしたから。ぜったいに忘れっこない。おれは今夜ここに立つために千五百キロの彼方《かなた》から来ましたけど、昔なじみと会えるならその甲斐《かい》があるってもんです」

友を待つ男は、蓋《ふた》に小さなダイヤモンドをちりばめた瀟洒《しょうしゃ》な懐中《かいちゅう》時計を取り出した。

「あと三分で十時だ」男は言った。「ちょうど十時だったんですよ、このレストランの前で別れたのが」

「西部ではずいぶんうまくいったようだな」警官は言った。

「大成功でしたよ！　ジミーが半分でも稼《かせ》げてりゃいいんですがね。いいやつなんだけど、まじめすぎるとこがあるんで。おれのほうは、海千山千の連中と張り合って財産を

第3週

築くしかありませんでした。ニューヨークではどうしたって型にはまっちまう。剃刀《かみそり》の鋭さを身につけるなら、西部へ行くにかぎりますよ」

　警官は警棒をくるりとまわし、少し歩きだした。

「さて、行くとしよう。無事に友達に会えることを祈《いの》るよ。十時きっかりまでしか待ってやらないのかい」

「まさか！」男は言った。「少なくとも、あと三十分は待ちますよ。ジミーが生きてりゃ、それくらいまでには来るでしょうから。さよなら、おまわりさん」

「では、失敬」警官はそう言って巡回にもどり、また家々の戸締りをたしかめていった。

　いまでは冷たい小雨が降りはじめ、気まぐれに吹《ふ》きつけていた風は絶え間ない強風と化している。わずかに残っていた通行人はコートの襟《えり》を立てて両手をポケットに突《つ》っこみ、むっつり押《お》しだまって急ぎ足で去っていく。それでも金物屋の戸口では、若き日に友と交わしたばかばかしいほど不たしかな約束を果たすために、千五百キロの彼方から来た男が葉巻を吹かしつつ待ちつづけていた。

　二十分ほど経ったころ、長いコートの襟を耳まで立てた長身の男が、通りの向かいから足早にやってきた。友を待つ男のもとへまっすぐ歩み寄る。

「ボブか？」その男はおそるおそる尋《たず》ねた。

第4週

「おまえ、ジミー・ウェルズか？」戸口の男は大声で言った。

「信じられない！」あとから来た男はそう叫《さけ》び、相手の両手を握《にぎ》りしめた。「ボブだ、本物だ。生きてるなら、ぜったい来ると思ってたよ。ああ、よかった、よかった！　二十年ってのは長かったな。あのレストランはもうなくなったんだよ、ボブ。残ってたら、またいっしょに晩めしが食えたのにな。西の暮らしはどうだった？」

「最高さ。ほしいものはなんだって手にはいった。ジミー、おまえ、ずいぶん変わったな。そんなに背が高かったか。おれの記憶《きおく》じゃもう五、六センチ低かったんだが」

「ああ、二十歳を過ぎてから、ちょっと伸《の》びたんだ」

「ニューヨークでうまくやってるか、ジミー」

「まあまあだな。いまは市の職員だ。さあ、行こう、ボブ。おれのなじみのところへ案内するよ。積もる話をゆっくりしようじゃないか」

ふたりの男は腕《うで》を組んで通りを歩きだした。成功して気が大きくなった西部の男は、成りあがるまでのあらましを語りはじめた。もうひとりの男はコートの襟に顔を埋《うず》めたまま話に聞き入っている。

通りの角にドラッグストアがあり、電灯があかあかと輝《かがや》いていた。その光の前に足を踏《ふ》み入れたとき、ふたりは同時に顔を見合わせた。

西部から来た男は急に足を止め、腕を振り払《はら》った。

「おまえはジミー・ウェルズじゃねえ」語気《ごき》を強めて言った。「二十年はたしかに長いが、鷲鼻《わしばな》を獅子《しし》っ鼻に変えちまうわけがねえんだ」

「善人を悪人に変えることはあるさ」長身の男は言った。「あんたは十分前に逮捕《たいほ》されたんだよ、〝口八丁のボブ〟。シカゴ市警から連絡が来たんだ。あんたがこっちへ来ていると思われるんだが、ちょっとばかりあんたと話したいそうだ。おとなしく応じるだろ？ そのほうが身のためだぞ。ああ、そうだ、署へ行く前に、あんたに渡《わた》すよう頼《たの》まれた手紙がある。この店の灯りで読むといい。ウェルズ巡査《じゅんさ》からだ」

西部から来た男は、手渡された小さな紙きれを開いた。読みはじめたときには紙をしっかりつかんでいたが、終えるころには手が小刻みに震《ふる》えていた。手紙は短いものだった。

ジミー

ボブ——約束の場所に時間どおりに出向いたよ。おまえがマッチを擦って葉巻に火をつけたとき、シカゴが手配している男の顔だとわかった。でも、自分ではどうも無理だったから、もどって私服の同僚《どうりょう》に執行《しっこう》を頼んだんだ。

and wires us she wants to have a chat with you. Going quietly, are you? That's sensible. Now, before we go on to the station here's a note I was asked to hand you. You may read it here at the window. It's from Patrolman Wells."

The man from the West unfolded the little piece of paper handed him. His hand was steady when he began to read, but it trembled a little by the time he had finished. The note was rather short.

Bob: I was at the appointed place on time. When you struck the match to light your cigar I saw it was the face of the man wanted in Chicago. Somehow I couldn't do it myself, so I went around and got a plain clothes man to do the job.

JIMMY

dinner there. How has the West treated you, old man?"

"Bully; it has given me everything I asked it for. You've changed lots, Jimmy. I never thought you were so tall by two or three inches."

"Oh, I grew a bit after I was twenty."

"Doing well in New York, Jimmy?"

"Moderately. I have a position in one of the city departments. Come on, Bob; we'll go around to a place I know of, and have a good long talk about old times."

The two men started up the street, arm in arm. The man from the West, his egotism enlarged by success, was beginning to outline the history of his career. The other, submerged in his overcoat, listened with interest.

At the corner stood a drug store, brilliant with electric lights. When they came into this glare each of them turned simultaneously to gaze upon the other's face.

The man from the West stopped suddenly and released his arm.

"You're not Jimmy Wells," he snapped. "Twenty years is a long time, but not long enough to change a man's nose from a Roman to a pug."

"It sometimes changes a good man into a bad one," said the tall man. "You've been under arrest for ten minutes, 'Silky' Bob. Chicago thinks you may have dropped over our way

"I should say not!" said the other. "I'll give him half an hour at least. If Jimmy is alive on earth he'll be here by that time. So long, officer."

"Good-night, sir," said the policeman, passing on along his beat, trying doors as he went.

There was now a fine, cold drizzle falling, and the wind had risen from its uncertain puffs into a steady blow. The few foot passengers astir in that quarter hurried dismally and silently along with coat collars turned high and pocketed hands. And in the door of the hardware store the man who had come a thousand miles to fill an appointment, uncertain almost to absurdity, with the friend of his youth, smoked his cigar and waited.

About twenty minutes he waited, and then a tall man in a ④
long overcoat, with collar turned up to his ears, hurried across from the opposite side of the street. He went directly to the waiting man.

"Is that you, Bob?" he asked, doubtfully.

"Is that you, Jimmy Wells?" cried the man in the door.

"Bless my heart!" exclaimed the new arrival, grasping both the other's hands with his own. "It's Bob, sure as fate. I was certain I'd find you here if you were still in existence. Well, well, well! —twenty years is a long time. The old restaurant's gone, Bob; I wish it had lasted, so we could have had another

a long time between meets, though, it seems to me. Haven't you heard from your friend since you left?"

"Well, yes, for a time we corresponded," said the other. "But after a year or two we lost track of each other. You see, the West is a pretty big proposition, and I kept hustling around over it pretty lively. But I know Jimmy will meet me here if he's alive, for he always was the truest, stanchest old chap in the world. He'll never forget. I came a thousand miles to stand in this door tonight, and it's worth it if my old partner turns up."

The waiting man pulled out a handsome watch, the lids of it set with small diamonds.

"Three minutes to ten," he announced. "It was exactly ten o'clock when we parted here at the restaurant door."

"Did pretty well out West, didn't you?" asked the policeman.

"You bet! I hope Jimmy has done half as well. He was a kind of plodder, though, good fellow as he was. I've had to compete with some of the sharpest wits going to get my pile. A man gets in a groove in New York. It takes the West to put a razor-edge on him."

The policeman twirled his club and took a step or two.

"I'll be on my way. Hope your friend comes around all right. Going to call time on him sharp?"

Sounds a little funny to you, doesn't it? Well, I'll explain if you'd like to make certain it's all straight. About that long ago there used to be a restaurant where this store stands—'Big Joe' Brady's restaurant."

"Until five years ago," said the policeman. "It was torn down then."

The man in the doorway struck a match and lit his cigar. The light showed a pale, square-jawed face with keen eyes, and a little white scar near his right eyebrow. His scarfpin was a large diamond, oddly set.

"Twenty years ago tonight," said the man, "I dined here at 'Big Joe' Brady's with Jimmy Wells, my best chum, and the finest chap in the world. He and I were raised here in New York, just like two brothers, together. I was eighteen and Jimmy was twenty. The next morning I was to start for the West to make my fortune. You couldn't have dragged Jimmy out of New York; he thought it was the only place on earth. Well, we agreed that night that we would meet here again exactly twenty years from that date and time, no matter what our conditions might be or from what distance we might have to come. We figured that in twenty years each of us ought to have our destiny worked out and our fortunes made, whatever they were going to be."

"It sounds pretty interesting," said the policeman. "Rather ③

AFTER TWENTY YEARS

O. Henry

① The policeman on the beat moved up the avenue impressively. The impressiveness was habitual and not for show, for spectators were few. The time was barely 10 o'clock at night, but chilly gusts of wind with a taste of rain in them had well nigh depeopled the streets.

② Trying doors as he went, twirling his club with many intricate and artful movements, turning now and then to cast his watchful eye adown the pacific thoroughfare, the officer, with his stalwart form and slight swagger, made a fine picture of a guardian of the peace. The vicinity was one that kept early hours. Now and then you might see the lights of a cigar store or of an all-night lunch counter; but the majority of the doors belonged to business places that had long since been closed.

When about midway of a certain block the policeman suddenly slowed his walk. In the doorway of a darkened hardware store a man leaned, with an unlighted cigar in his mouth. As the policeman walked up to him the man spoke up quickly.

"It's all right, officer," he said, reassuringly. "I'm just waiting for a friend. It's an appointment made twenty years ago.

AFTER TWENTY YEARS

O. Henry

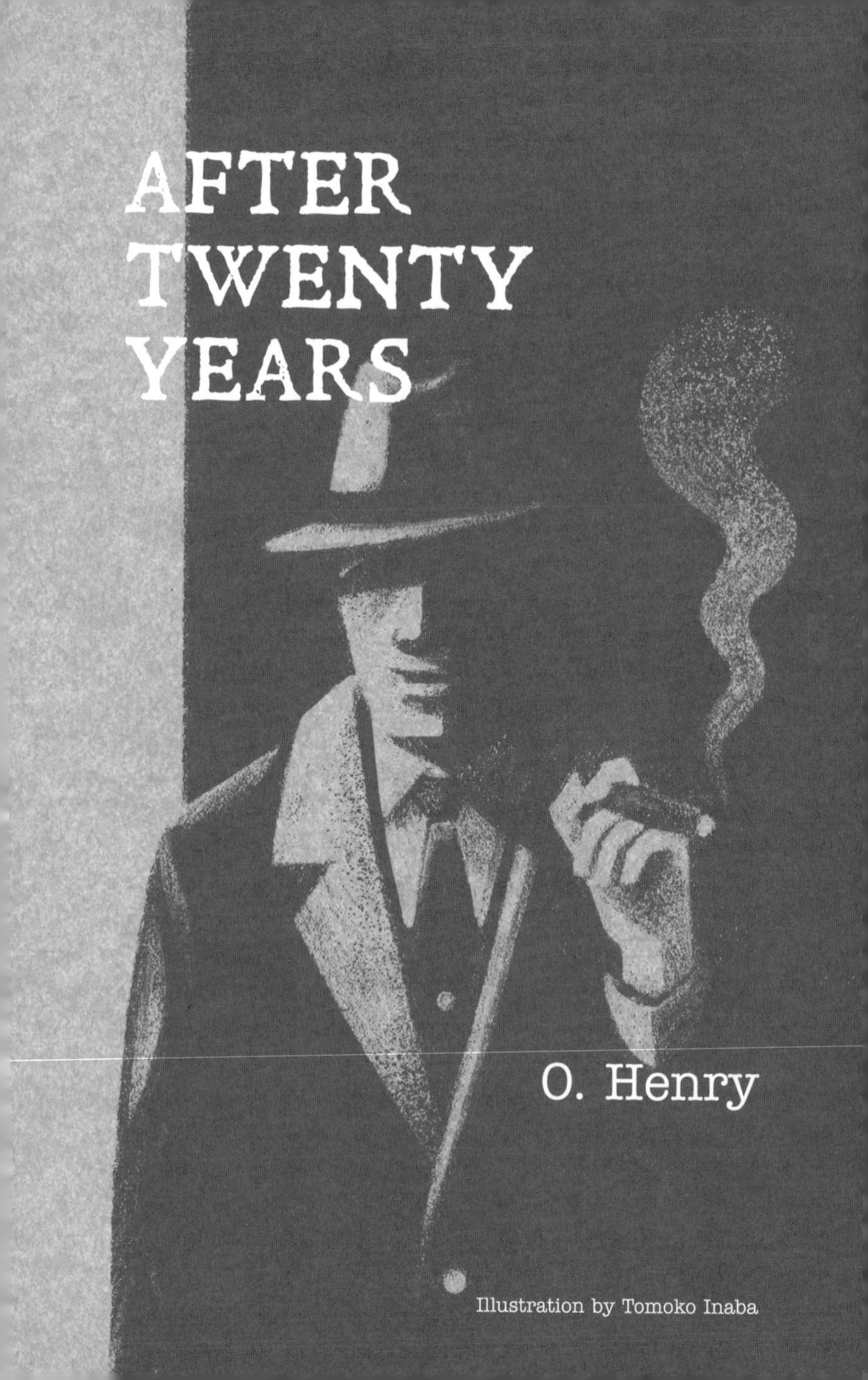

Illustration by Tomoko Inaba

著者紹介

越前敏弥（えちぜん・としや）

1961年生まれ。訳書『ダ・ヴィンチ・コード』『Yの悲劇』『最後のひと葉』『クリスマス・キャロル』『老人と海』（以上、KADOKAWA）、『ロンドン・アイの謎』『真っ白な嘘』（以上、東京創元社）、『災厄の町』（早川書房）、『オリンピア』（北烏山編集室）、『世界文学大図鑑』（三省堂）など。著書『文芸翻訳教室』（研究社）、『翻訳百景』（KADOKAWA）、『越前敏弥の英文解釈講義』（NHK出版）、『はじめて読む！ 海外文学ブックガイド』（共著、河出書房新社）など。全国の読書会をまわって、ご当地のラーメンを食べるのが趣味。
公式ブログ https://note.com/t_echizen/

14歳の世渡り術
WORLDLY WISDOM FOR 14 YEARS OLD

いっしょに翻訳してみない？
日本語と英語の力が両方のびる5日間講義

2024年4月20日　初版印刷
2024年4月30日　初版発行

著　者　越前敏弥

編　集　樋口真理（北烏山編集室）
イラスト　稲葉朋子
ブックデザイン　高木善彦（SLOW-LIGHT）

発行者　小野寺優
発行所　株式会社河出書房新社
〒151-0051　東京都渋谷区千駄ヶ谷2-32-2
電話　(03) 3404-1201（営業）／(03) 3404-8611（編集）
https://www.kawade.co.jp/

印刷　TOPPAN株式会社
製本　加藤製本株式会社

Printed in Japan
ISBN978-4-309-61764-0